大展好書　好書大展
品嘗好書　冠群可期

實用武術技擊⑦

高翔 著

武當秘門技擊術——入門篇

大展出版社有限公司

自 序

中華武術，傳統瑰寶，發揚光大，乃爲聖事。武當七仙，國拳一脈，自不該守舊藏拙，願把本門秘學披露當世，誠與同道共研共進。

筆者天性嗜武，因得祖父高金山親訓，起步七仙正軌，得窺此門全貌，雖難追先輩之身手，亦有寸得。即傾盡當年所學，參考古譜，深思愼取，斗膽成書。雖知學疏識淺，然自認乃心血凝聚之眞，倘對讀者有所微益，則足自慰。

注意，習練者學習本書先要講武德，技擊練習點到爲止，最好有老師指導保護，以免受傷。

其間，幸得人民體育出版社趙新華老師多方指導，並由月光銀夢攝影社李峰協助拍照，極其感謝。

高翔　謹誌

目　錄

自　序 ……………………………………………………………… 3

第一章　武當、七仙門概述 …………………………………… 7

第二章　絕技入門 ……………………………………………… 17

　第一節　拳打的基本技術 …………………………………… 17

　第二節　掌打的基本技術 …………………………………… 23

　第三節　腳打的基本技術 …………………………………… 31

　第四節　短打的基本技術 …………………………………… 37

　第五節　打擊勁力的蓄發秘訣 …………………………… 41

　第六節　爪法的基本技術 …………………………………… 50

　第七節　技擊的應戰架勢 …………………………………… 53

　第八節　技擊的眼法秘訣 …………………………………… 56

　第九節　技擊的實戰步法 …………………………………… 56

　第十節　拳法的基本樁勢 …………………………………… 61

　第十一節　打擊的人體要害 ………………………………… 65

　第十二節　技擊的防禦秘訣 ………………………………… 68

　第十三節　技擊的心意要訣 ………………………………… 75

　第十四節　技擊的戰術精論 ………………………………… 80

第三章　秘傳拳法 ……………………………… 87

第一節　雜式拳 ………………………………… 87

第二節　戲枝拳 ……………………………… 181

第四章　絕傳功夫 ……………………………… 253

第一節　秘門內功 ……………………………… 253

第二節　秘門柔功 ……………………………… 262

第三節　秘門硬功 ……………………………… 269

第四節　秘門壯功 ……………………………… 273

第五節　秘門眼功 ……………………………… 276

第六節　秘門打功 ……………………………… 279

第七節　秘門爪功 ……………………………… 284

結束語 …………………………………………… 287

第一章 武當七仙門概述

《七仙秘譜》載：「拳宗七仙，至剛至猛。拳打七仙，無所不用。」

從其拳形講，模仿七仙動作，寓同技擊攻防，造拳制譜，遂成此門。七仙即神話中的「呂洞賓、韓湘子、張果老、曹國舅、李鐵拐、漢鍾離、藍采和」。傳說七仙神通廣大，能降妖伏魔，具有變幻莫測的身手。習慣為八仙，物取純陽七仙，隱示是門，重在進攻，以剛為主，勁法迅猛，殺傷強烈。

從其擊技講，人體有七仙，即「手、腳、肘、膝、頭、胯、肩」，七種勁節，長短混用，戰法多樣，變化多端。

七仙開門於清代中葉，始祖高嘉璉。

高嘉璉，號「隱仙」，原籍山東曹州府（定陶），幼年習武，學得多種拳腳兵刃及軟硬功夫，壯年後挾技出遊（山西、河北、湖北、湖南等），廣交名師，學得武當派真傳。因其一身深厚武功，被豫東虞城大戶（任家）聘請為護院管家，遂遷籍。後辭職隱居，研習武藝，教授子孫，終老民間。

高嘉璉傳子高風魁等人。高風魁為高嘉璉長子，秉承家訓，艱苦修煉，功高技絕，聞名一時，乃七仙門第二代頂尖人物，後因執教武院，遭人妒忌，遂厭倦門戶之爭，頹然身退，隨父同時隱居鄉野，不復出現江湖。高風魁用盡心血，

圖1-1　七仙門傳人高金山先生

潛心武道，對發展和完善七仙拳，貢獻最大。

高風魁傳子高文學。高文學傳子高銅山、高玉山、高金山（筆者祖父）（圖1-1）。而至我父輩諸人，多走向學界商界，離開故里，致力各自事業，不再純修武功。今日七仙拳可謂老輩已老，後繼乏人，日漸式微。

七仙門以單殺拳、長節拳、靠身拳、戲枝拳、守洞拳、落地拳、醉酒拳、過海拳、雜式拳、逸仙拳，組成了系統完整的七仙拳。

單殺拳，亦叫基式拳，此拳全部單形，單獨操習門戶、用眼、樁步和打出，是七仙拳的根本和基礎。一切招法皆由此生化而來。初入七仙門牆，必須先由單殺練起，為深層拳功和技擊打下堅實的基礎。單殺既是最初級的拳術，又是最高級的拳術，單殺爐火純青時，一切仙形皆迎刃而解。此拳由武術基本動作組成，不含七仙名稱，如：崩捶、插掌、彈腳、拖拉步等。

長節拳，包括練掌拳、練捶拳、練腳拳三種路數，各形各功，互不混用。此拳練習掌、捶、腳的各種打出方法，長梢勁力加上進攻步法，以攻擊為主，各種角度範圍，各種高度距離，皆可實施殺傷，在七仙拳中地位至重。此拳特色：變活迅捷，動作剛猛。

　　靠身拳，亦叫短打拳，練習人體中節根節的打法，即頭、肩、胯、肘、膝的各種最宜攻的連環打法，配合步法，純粹攻擊和進取。短術暗技，近距靠身。此拳特色，短促緊湊，齊整樸實。若與長節拳同練相合，則長短兼備，達到「通身上下都是手」、「全身皆兵」的絕妙境界。

　　戲枝拳，專演大小擒拿，此拳練習各種爪技，鎖拿扣提，控勁制人。配合踢打，分筋挫骨，殘肢斷節，施術別緻，應用細膩，由一系列獨立的固定的散招組成，一般二三連動。其特點動靜結合，快慢交替。

　　守洞拳，練習各種防禦，配合退步敗身之法，自保平安。此拳有成，雖不能傷敵，也不致落於敗地。與其他殺術相合，則攻防於一體，「防則難擊，攻擊無禦」。此拳習時心存警覺，時刻戒備。

　　雜式拳，此拳完全由散形組成，以一形兩動和一形三動為主，練習七仙拳各種打擊的連環使用方法，練習攻防結合的技擊形式，乃單殺拳之進步，其中包括臨敵應用的重要內容。主要特點是節奏分明。

　　過海拳，是綜合性拳法，共同練習各種打擊、走步、防禦，凝聚此門一切精華，返樸歸真方成，其本身功勁和擊技達到了相當高的層次和要求。

　　拳術留譜，標準規範，繼承衣鉢，溫習技法，便於記

憶。路中招數配用名稱，一般不離七仙，貫融仙形仙蹤，且極其切合技擊實戰。如韓湘子扭身獻舞把枝撐（戲枝拳）、張果老倒騎毛驢橫掃腿（長節拳）、呂洞賓貼峰撞肘傷心門（靠身拳）等。

七仙門以拳為主，兵刃為輔。兵器包括洞賓劍、采和槍、果老刀、湘子棍、國舅鞭、鍾離扇、鐵拐，以及暗器七仙絕命尖等。長短、軟硬、單雙、明暗，內容全面，技藝完整。各種兵器皆模仿七仙神物，外觀奇異，獨具特質，奧妙精奇，傳統風采。

「攻擊無勁事不成，枉費七仙顯神形」，形顯於外，勁行於內，談及拳必涉及勁力。七仙拳有三種主導殺傷勁力：震離勁力、穿透勁力、沾肢勁力。向來是七仙拳的不傳之秘。

震離勁力：先蓄再爆發，力量飽滿，舒展暢通，發放時氣勢勇猛，如雷霆萬鈞，內外皆有殺傷，且可置敵身於丈外之遠。

穿透勁力：「穿肌透膚傷五臟」，短形抖放，遒烈透輸，如迅雷不及掩耳，力射臟腑，傷其內裡，令人肝膽俱裂，重則立斃。震離和穿透兩勁力運用於打法中，是不能截然分開的。

沾肢勁力即擒拿勁力：「鎖扣纏帶沾肢用」，沾肢觸敵，剛一捕抓，即冷然動，猝然爆發，出其不意，且善連變，防不勝防。關節最怕此勁，此力一經發放，敵關節的保護肌肉還來不及抵抗，即已肢殘骨折。

各種勁力皆以丹田為根，故七仙拳一切勁力統稱為丹田勁力。「勁力生發腰根源」，「腰腹不忘有丹田」，「一氣

靈通大力仙」。從外講，腰腹是人體重心所在點，運動的主要樞紐。從內講，丹田是人體內氣之中心，氣凝丹田，發於周身，積蓄動能，以作運動。發放過程中，勁力發於此，亦蓄歸於此，發放時，心意支配，呼吸合法，周節放鬆，動作規矩。丹田一動，則全身俱動，身上下，體內外，「一動無有不動」，能量聚集，瞬間爆發，速如閃電，則勁力悉數發出，「沾肢硬似鐵」，剛猛沉重，立即殺傷。

「練拳不練功，出形形形空」。功夫是七仙拳立拳（各種形術、殺傷勁力）之根本，分為內功和外功。

「不練內功不算功」，內功是七仙拳功法的基礎，是七仙門武功之精髓。內功有三練，即站練、坐練和臥練。以站練為主，上功最快。三練皆為靜形，靜中求動。

站練有丹爐式、天地式、自然式、守洞式、玄機式。丹爐式：練形緊湊，腿腳並齊而立，膝節彎曲，手掌相蓋抱合於丹田。天地式：練形舒展，骨撐筋開，腿腳分開，膝節彎曲，兩臂提平胸前，肘節彎曲，掌指分張。自然式：練形自然，腿腳分開，兩臂重放身側。守洞式：單腿站立，手為長短，獨樁生根。玄機式：身形半斜，樁分前後，膝節彎曲，手為長短，切合技擊。

坐練有便盤式、單盤式、雙盤式、跪坐式、端坐式。臥練有平臥式、側臥式。

各種練形除手樁身外，餘節則相同，皆頭正頂平、頂立項領、背直脊豎、寬胸實腹、回頦藏喉、閉唇合齒、舌抵上腭等。作好外形，則習功開始，擇其一練，抖擻精神，集中心意，放鬆身體，自然呼吸，保持靜姿，久練不止，易而生奇。七仙拳內功中的心法用神、意念調配、氣法呼吸等都有

著自己的獨特要求和目的。

　　內功上身，一則人丹田和暖，真元充足，血氣活潑，臟腑舒健，精神愉快，精力過人，體能耐久，雖耄耋之年可保不衰；二則人心意常寧，氣息常平，神態鎮靜，定力非凡，膽量浩壯，拳腳打出控制自如，雖激烈打鬥無礙無滯；三則人肌肉常鬆，極富彈性，感應靈敏，且周身和諧，意感完美，勁力處處蓄滿待發。

　　內功練到一定火候，則可修習外功。七仙拳外功有柔軟功、鐵爪功、硬力功、強力功、眼睛功、護體功等。

　　柔軟功，是一種初級外功，入門操習，專事柔軟全身筋韌，求其軟化柔長，伸展無礙，靈活無滯，所謂筋長一寸，力長三分，由柔至剛，孕生剛勁。此功深具易筋換骨之能，可堅強筋韌，由筋生力，筋耐力足。其中包括柔頭功、柔腰功、柔臂功、柔腿功。

　　硬力功，俗稱硬功，其中包括鐵掌功、鐵捶功、鐵腳功、鐵指功、鐵頭功、鐵膝功、鐵肘功。練習此功可以在發勁時加重對敵身的殺傷，功深者觸之即損。

　　強力功，其中包括通臂功、腰腹功、腳樁功，旨在改善肌肉結構，強壯肌肉群，提高肌肉耐久力。

　　鐵爪功，其中包括鎖扣功、纏擰功、拉帶功、捻搓功，增加爪手勁力和各種使用能力，此功練成，專施擒拿，沾肢如膠漆，鎖扣如鋼鈎，舉手投足，殘肢斷節，非常厲害。

　　眼睛功，增強眼睛的實觀和虛視功夫，以及對靜物和動體的準確捕捉能力，有養目功、尚目功、打眼功、動眼功、輪眼功。

　　護體功，即排打，屬硬功的範疇，增強人體要害的防打

能力，主要有心窩功、喉核功、太陽功、耳門功、雙腎功、陰襠功，這種功夫，最為難練。練習外功常用功具輔助，獨門功具有玄玄圈、沉重袋、仙人球、輕靈袋等。

　　內功處處練到，外功獨練專修，培本修枝，內壯外強。七仙拳尤其注重內在功夫，強調先練內後練外，由內及外，以內為根，以外為用，內外雙修，相輔相成，至於內外合一，貫通一身，方為七仙拳真功境界。

　　七仙拳技擊主要有打法和擒拿。

　　基本打法有拍掌、搧掌、摔掌、劈掌、削掌、撩掌、推掌、捺掌、崩捶、箭捶、栽捶、炮捶、劈捶、砸捶、掏捶、圈捶、彈腳、鏟腳、蹬腳、掃腳、撩腳、踩腳、飛腳、沖頭、抖肩、靠肩、擠胯、撞胯、頂膝、搗肘、拐肘等。要求直接打擊要害，要害是指人體致命處。七仙拳主打要害八大處：眼部三角、兩耳太極、鼻梁軟骨、頸脈喉核、腹中窩、地襠陰囊、兩脅軟肋、雙腎命門。

　　要害的單形打法，此門稱作「絕命單殺」，如：消音掌、刺眼掌、封眼掌、撲面掌、削喉掌、裂門掌、刺喉掌、斷魂掌、迷魂掌、偷枕掌、穿心掌、切肋掌、分肋掌、太陽捶、砸心捶、崩面捶、傷元捶、碎陰捶、裂門捶、炮耳捶、三劈捶、掏心捶、偷襠捶、貫耳捶、指襠捶、紫光錘、步面腳、截膝腳、撩陰腳、偷陽腳、封襠腳、掛叉腳、宛靈腳、消生腳、挖眼爪、高吊膝、殺襠膝、風章肘、迎門肘、靠心肩、入洞頭、沖鼻頭等。

　　打不著不打，打不重不打，打不死不打，敵人哪兒露出要害，招向哪兒打去，逢漏即到，一中必殺。各種各樣的單殺使用方法，共同構成了豐富多彩的七仙拳打擊法。

擒拿，即分筋錯骨，在七仙拳打法基礎上，藉由爪技的鎖拿扣捉，殘肢斷節。分筋乃指抓拿肌腱、肌束和韌帶，使之連接分離，失去加固關節、牽拉骨骼能力；錯骨指反背關節運動規律，使之超出關節活動限度。主攻的筋節有嘴、頸、肩、肘、腕、指、膝、踝。主要技法有鎖、扣、纏、撐、扛、托、壓、固、攀、靠、捆、夾、繞、掀、盤、轉、折、彎、捌、騎、跪、掏、撼、抛、扭等。

　　七仙拳技擊有無機式、微機式、守洞式、玄機式等應戰架式，便於出招攻擊，能夠防禦封閉。無機式，正身站立非常隨便，有自然門之稱。微機式，身形半斜，側門迎敵。守洞式，中手長短，半斜身形，前腿提起，尤長於起腿和阻擋。玄機式，兩手伸出，一長一短，置在中位，身形傾斜，兩腿適屈，攻防兼具。

　　七仙拳雖重進攻，亦不疏於防禦，「打人先把防法練」，主要有封閉、截攔、格擋、閃躲等禦技。

　　封閉，也稱靜禦，一是封門戶，嚴密自護。二是專門封閉敵出招勁路，不讓敵打出。截攔，亦稱長禦，「以招對招用截攔」，在敵剛實施攻擊時，把其攻擊截在半途。格擋，亦稱短禦，「格擋其法身外送」，把敵之任何方向的進攻招式和發出的功勁，格開擋開。閃躲，亦稱離禦，只利用身法之吞吐，步法之進退，避開敵招，「不接不觸不沾身，任敵功勁千萬鈞」。

　　「無盡天機藏神眼，眼生擊技萬招玄」，七仙拳技擊眼法有明有暗，有實有虛，明暗銳利，眼簾不捲，目透精光，炯炯有神，看敵一切，無所疏漏，目動招隨，眼到招到。實眼狠毒，目露殺機，死死盯視，威脅對手，破敵膽氣，令人

不戰而慌。暗眼隱蔽，目光淡靜，令人莫測端倪。虛眼狡猾，虛中有實，挑逗或誘惑敵入我圈套。

「步動打人顯神通」，七仙拳技擊走步有拖拉步、交叉步、跳躍步。拖拉步，一腳拖著走，一腳拉著走，自然跟隨，連續走動即成。交叉步，走時交叉繞肢，一腿向前越過另腿，帶動自身向前運使。跳躍步，一足跳動，墊和帶另一腿或兩足同時離開地面。步法好壞直接反映出技擊者的用技優劣。

心意支配拳腳作出各種擊技，故技擊中心意運用也非常重要。七仙拳技擊心意講究心神心勇、心靜、意欲。心神即精神，「神要提」，精神要抖擻，則全身一切勁節都進入最佳擊技狀態，能使人體擊技潛力最大程度地發揮出來。

心勇俗稱膽，「心勇氣雄何所懼，膽壯自增幾功力，沒有膽量難用拳，殺心才有殺人技」，勇於殺傷則為「毒」，勇又與「靜」相通，「臨敵不能靜，有招也無用」，心情冷靜，神經鎮定，全身反應方能靈敏，拳腳方能控制自如。意欲要訣「拳腳未到意欲先」，拳腳未出，意欲已中，再配合擊技，「以形追意」，虛中有實，對於勁力發放和實戰施技，很有妙用，久練則「有意變無意，無意之中是真意」，能「捨己從人，任行傷殺」。

七仙拳技擊戰術有初戰、單戰、快戰、假戰、連戰、強戰、群戰、守戰、閃戰、走戰、偷戰、靜戰、夜戰、敗戰等，根據對方師承特點、體能強弱靈活應用。

初戰，搶奪先機，「技擊先看第一手」，爭取主動。單戰，全心以赴，尋找致命一擊。快戰，快速出擊，疾若閃電，以快打慢。假戰，虛中有實，虛引假攻，抓機狠打。連

戰，單殺不中，則連環不斷。強戰，以硬對硬，強取豪奪。閃戰，不招不架，閃開敵招，就是一下。走戰，連續走動，亂敵心神，耗敵體力。偷戰，乘敵不備，突施襲擊。靜戰，以靜制動，窺敵破綻，後發先至。夜戰，低形攻擊，利用夜色。敗戰，誘敵入圈，敗中取勝。

從創始人看，高嘉璉曾出遊兩湖多年，交會過不少武當高人，亦可能拜過武當派名家為師，吸取武當拳的理論、武功、招式等精華。其自號「隱仙」和取拳名「七仙」，表明創始者深受道家文化的影響。

總拳稱謂及動作名稱，均借鑒道家用語。從兵刃看，也是模仿仙形神物。從功勁看，注重內功（發放內勁），先內後外，由內及外，沿襲內家修煉門徑。從理論看，隨機應變，萬形無形，採用了道家「大道無形」哲理。從技擊看，打擒結合，毒訣當頭，不出則已，一出即殺，與武當拳「殘字當頭，犯則立仆」「抓筋拿脈，點穴擲放」的心法、技術等真髓相近，異曲同工。

總而言之，七仙拳與武當派有著千絲萬縷的聯繫，是內家拳的地方拳種，是武當派的民間支派，形成了自己的獨特風格。

第二章　絕技入門

第一節　拳打的基本技術

「硬能剛力先天形」，捶有剛強雄渾之性，有硬性奪人之能。本身形狀，鐵捶一般，手指骨節收縮彎曲，五指緊密貼靠，重量集中，增加勁力，殺傷強烈，且不易傷指，初學者或功淺者，也能應用無礙。捶法屬梢勁上技，易於操縱，靈活多變，是臨敵的主攻勁節。

捶打勁力也非常精妙，可長勁可短勁，遠則爆發，近則穿透，這裡面有很嚴格的要求，包含著肌肉的鬆緊、內能的蓄發、心意的支配、動形的直屈等，與單純外拙、常人出捶截然不同。

一、箭捶

向上、向前，直直打出，臂節全伸，五指緊握，拳眼向上，拳心向內，力用在拳面骨（圖2-1、2）。

箭捶發勁時，以捶摧肘帶臂，拋擊而出（不用整勁），充分利用長臂、高樁、探背，放長擊遠，要求高速、彈

圖 2-1

圖 2-2　　　　　　圖 2-3　　　　　　圖 2-4

性，主打頭臉，出形要隱蔽，冷然突動，如快箭射人，極難防衛。故箭捶常作初戰先鋒手，臨敵攻擊，突發箭手，對敵頭臉，能搶奪先機，先發制人，出奇制勝。或輕發一拳，擾其式架，窺敵反應，阻敵進步，迫其防禦，探敵虛實，誘敵上鉤等。

二、崩捶

崩捶短勁，也稱寸拳，是穿透勁力的典型代表，向前直發，立拳出形，拳眼向上，拳心向裡，前面觸敵。發力時，蓄勁隱蔽，短距急發，臂不全伸，主要借助腕力、前臂肌肉的急速收縮，猝然冷動，迅雷不及掩耳，力透臟腑。（圖2-3、4）。

圖 2-5　　　　　　　　　圖 2-6

三、栽捶

栽捶也稱「螺旋拳」，向下、向前直直打出，五指緊緊攢握，捶眼在裡，捶輪在外，捶心向下，力作用在拳面骨節（圖 2-5、6）。

打出時要快，且要猛，樁步要穩重。雖是直勁，由正栽下，發勁時探肩擰腰，扭動臂節，呈螺旋動形，如彈出膛。

四、炮捶

炮拳，是發揮丹田勁力的典型拳法，向前直擊，五指緊握，拳心向下，要求調動人的體重，（非單獨拳勁），蓄聚明顯，作用時間稍長，力量飽滿，轟然擊中，如彈爆開來（圖 2-7、8）。

圖 2-7　　　　　　　　　　　　　圖 2-8

五、劈捶

　　向前、向下用勁成弧形劈打，捶眼在上，捶心在內，力用在拳面指骨（圖 2-9、10）。

　　打出時，肩節下沉，時節垂降，腋位緊張，使得整個手臂嚴謹、得力、增勁。拳指緊緊捲握，團聚如捶，愈緊則愈剛強，愈有沉劈殺傷力。椿步也要與劈勁上下沉，身姿要隨向轉動，背部要微微前探，勁出則通順舒然。如此周身渾圓一體，勁力雄壯強烈。

六、砸捶

　　向身體側前打出，力用在根節指骨，捶走弧線，拳眼在上，拳心在裡（圖 2-11、12）。

圖 2-9

圖 2-10

圖 2-11

圖 2-12

圖2-13 　　　　　　　　　　　　圖2-14

發勁時，要身形動轉，樁步沉穩，以增加砸力，肩節要下沉，肘節要下降，捶指要握緊，增加砸勁的嚴謹性及手指節的硬度。砸捶有振揮彈動之性，又被稱之為「彈簧捶」，發得快，收得快，突然冷動，「打人不見形」。

七、掏捶

從下向上用力成弧線起打，拳心在上，拳眼在外，力作用在拳面（圖2-13、14）。

打出時，腰身要轉動，增加手臂掏力的速度。肩背前探，樁步前升，與出捶合為一體，勁力自然完整。

八、圈捶

向前向裡，弧形打出，力用在拳面。拳心向裡，拳眼向

圖 2-15　　　　　　　　圖 2-16

上（圖 2-15、16）。

　　圈捶走側奇入，比較得勁，打出舒順，自然易學。但要苦練，各節協調，控制恰當，周身渾然一體，迅捷靈活，勁力雄壯，方算得圈捶真技。

第二節　掌打的基本技術

　　「功勁傷殺重靈變」，掌法勝人以功勁為傷殺之本，即硬度、力量等，以靈變為應用要訣，即速度、連環、變化等配合。兩者缺一不可。

一、插掌

　　「神出鬼沒插掌走，見縫插針刺手行」，插掌在手法中

圖 2-17　　　　　　圖 2-18　　　　　　圖 2-19

攻擊距離最長，攻形如紮槍刺劍，鋒銳異常，敵微有空檔，即可插擊。但插為指掌，故主打眼球、咽喉、陰囊。

掌指發動，帶動全臂，向前直直打去，五指伸直，緊緊貼靠，掌背向上，掌心向下（圖 2-17、18）。

抖發、動迅、靈俐、乾淨，富有彈性，如劍刺而出，勁力集中。沉肩垂肘，攜功佐力，身腰轉動發勁，樁步要沉穩，一切動作要求協調、完整，收放要隨活自然。

二、撩掌

「掌出撩陰走下路」，撩掌主攻陰囊，從下向上起手，不易為人防範，有「暗手」之稱。掌撩犀利，潛形偷出，如同蛇蝎之舌，伸縮之中，發動攻擊。

掌指發動，帶動手掌猛然向前、向上打出，掌心朝上，

圖 2-20　　　　　圖 2-21　　　　　圖 2-22

五指緊併，力用在指尖（圖2-19、20）。

　　出擊時，另手輔助和加強功勁的發放。樁步要穩重，發勁要快捷，隱蔽突然。

三、劈掌

　　「斷石開磚純功力」，劈掌純粹功勁，以剛硬力量勝人，掌功到家，斷石開磚，出手如刀。

　　臨敵發勁，向下打出，掌指向前，掌背向外，掌心向內，力用在掌緣（圖2-21、22）。

　　肩節下沉，肘部垂降，夾合身軀，要求齊整完備。樁步穩固，身姿隨勢。勁力沉重、凶猛。

圖 2-23　　　　　　　　圖 2-24

四、削掌

「掌風一片凶猛意」，削掌極為霸道，攻擊路線曲弧形，橫形打出，削殺一片，觸者傷，碰者損。劈掌注重向下用勁，削掌強調橫行發力，而掌形勁點相同，皆為掌中之最重者。

向前打出，掌心向下，掌背向上，大拇指屈在虎口，力用在向前的掌緣（刃）（圖 2-23、24）。

出擊要快捷，不可停頓呆滯。發勁時，腰身隨削向運動，以加強削時衝擊力和輔佐力。

五、捽掌

「反背捽抖打脆彈，來去迅捷最靈便」，捽掌以掌背打

圖 2-25

圖 2-26

人，也稱反背掌，摔腕冷動，彈性發出，乾脆俐索，毫不遲滯。

抖動腕節，掌背隨之打出，五指微微彎曲，緊緊貼靠，掌背為打擊接觸處，掌背在前（圖 2-25、26）。

發勁時，要求突然冷動，簡捷、乾脆、快速而有彈性。肩、肘、腕、腰、椿協同發力，加強做功。

六、拍掌

「揚起拍掌從天震」，拍掌從上向下發勁，先揚而後拍，調動整身，順應重力，增加沖合，沉猛非常，震動力大，能透骨顫臟。且拍掌控制面大，封壓敵四肢勁節，防守時常用。

臨敵發勁，向下蓋打，掌心向下，掌指向前，力用在掌

圖 2-27　　　　圖 2-28　　　　．圖 2-29

內根面（圖2-27、28）。

　　拍出後，腋窩位緊張，沉肩、垂肘、通臂，增強功勁發放。樁步隨之下沉，身腰隨之動轉，背部微探，另手隨勢相合，勁力方工整充沛。拍掌要有震動心念，勁法剛強凶猛，剛猛不是僵硬，包含舒順，以剛為主，剛柔相濟之。

七、搧掌

　　「雙峰貫耳一命亡」，搧掌以傷人兩耳為最佳打擊，既適合搧手，且易得手。搧有單搧、雙搧兩種。單搧耳門，尚有緩衝恢復餘地，若雙手兩邊同擊，一打必聾，傷害極烈。

　　向前向裡打出，五指形張，指尖向前，背外心內，力用在掌內面（圖2-29、30）。

　　發勁時要合，腕、肘、臂、背隨勢相攜，輔佐發出。尤

圖 2-30　　　　　圖 2-31　　　　　圖 2-32

其腰節要擰轉，動作嚴謹，樁步沉著。掌指形用功，增加攻擊覆蓋，掌心可內凹，加強殺傷硬度。

八、推掌

「丹田勁力震離猛」，丹田勁力指不僅用局部掌力，而含有整體合勁。發勁時丹田勁力悉達手掌，非常猛烈，立跌敵於地或使敵猝傷。

向前推出，掌指向上挺起與腕節成角度，掌心向前，掌背向裡，推印形，力用在掌根銳骨（圖 2-31、32）。

頭正、肩沉、肘屈、腕立、腋收、背探、胸涵、腹實、髖轉、樁穩，全身渾圓一體，毫無懈處，功勁要求悉數發出，毫無遲緩，凶猛剛強。

圖 2-33   圖 2-34

九、捺掌

「斜掌翻轉用捺形」，捺掌之形，掌形斜轉，或側或反，周身向下發勁，屈直混合，順應重力，增加衝擊。傷其體外，磨搓膚肉，傷其體內，使敵心氣散亂。

臨敵發招，向前打出，腕骨挺起，掌旨向下垂立，掌背向裡，掌心向前，力在掌根（圖 2-33）。

樁步隨動合力下沉，肩壓腋緊，扭轉腰髖，身形也下降，發力完整，功勁沉重、快速。

十、雙推掌

「合勢協勁倍傷損」，雙推掌是震離勁力的典型，重在跌人放人。雙掌同出，合勢協力，且能調動整勁，猛烈超

常，輕則驚震臟腑，晃動身椿，令敵手忙腳亂；重則掌到人倒，遠跌丈外。另外，雙推掌控制面大，能封閉上部要害，便於自護（或專門防守），敵極難攻入。

雙掌向前同時推出，手指皆向上挺立，與腕骨成角度，掌背向裡，力用在掌根銳骨（圖2-34）。

第三節　腳打的基本技術

「暗腿偷伸難測知，功勁連環快無跡」。

技擊最重腿功，講究暗腿，臨敵時多為偷發，在其它勁節明打之中，突然踢出絕命腿。且以低腿為主，專打中下要害。

腳法有三要：功勁第一，腿擊本身即長擊有力，再加上後天硬功（鐵腳功等），更是踢之能傷，觸之能損；速度第二，快則生勁，衝擊摧毀，快則無防，踢則難逃；連環第三，單發不中，連環出擊，終能致勝。

一、鏟腳

「閉門封腿踢下盤」，鏟腳乃下盤腳法，低暗隱蔽，攻防兼具。攻則打敵下盤，傷敵迎面骨，防則在敵進攻時，以腿封腿，截攔破壞。

腳法打出，腳腕勾起，腳掌向裡斜向，較大角度平臥，腳形扭轉，純粹以腳外側緣向前、向下踢出。如以物鏟地，向下用勁，要求猛烈、沉重，富有剛勁和衝擊力。全身緊湊，互助功勁。支撐腿微屈，更加平衡有力。雙手封閉上門（圖2-35、36）。

圖 2-35　　　　　　圖 2-36　　　　　　圖 2-37

二、撩腳

「撩腳之法踢神奇，暗腿偷伸要害去」。暗使撩踢，中短戰距，忽然起腿，主攻襠肋，能出奇制勝。

攻擊時原地直接用腳尖向前、向上踢起，腳掌立腕勾起，腿膝彎曲不直。而向後撩踢，則用腳跟。直接起腳，全身餘節皆要協調配合。尤其是腰腹，更得暗使勁法以輔助之。雙手攜同，蓄力暗護。要求工整、有力，富有突然性（圖 2-37、38）。

三、彈腳

「獨往獨來誰能禦，彈腳之法真神奇」，彈腳彈性十足，抖發動迅，收放自如，鑽人空檔，犀利難測。

圖 2-38　　　　　　　圖 2-39　　　　　　　圖 2-40

　　以腳尖帶動全腿，向前踢出，抖動彈勁。擊中時，腳面
繃直，用尖打人。向前踢彈時，手臂應當輔助打出，可以向
後擺動，增加功勁。轉髖、擰腰、探背、沉腹，身體要平衡
穩重。彈腳最講究速度，要求快捷、簡潔，富有彈性。動作
要達到嚴謹協調，渾然一體，收放要能隨心所欲，任何高度
角度皆要操縱自如（圖 2-39、40）。

四、蹬腳

　　蹬腳用跟面攻擊，以震動傷損、離搖樁根為主要表現，
發力凶猛，功勁篤實，整體爆發，對敵重心的破壞很強，
「猛然蹬踢震離遠」。

　　向前打出，腳腕立起，腳尖向上，以腳跟蹬擊目標。發
勁時，支撐腿和雙手皆要輔助蹬出勁力，旋轉和擺動。擰

圖 2-41　　　　圖 2-42　　　　圖 2-43

腰、轉髖、旋臀，樁步堅固，探背沉腹。嚴謹協調，快捷強
勁（圖2-41、42）。

五、跺子腳

「斜身跺子踢功勁」，跺子腳沉穩堅定，開展舒放，勁
法剛烈，氣勢威猛。

側向出腳，腳腕勾起，腳掌與腿部立成角度，腳掌平
臥，腳尖隨之向裡斜向，以腳掌外側打擊目標。發勁時，樁
步穩重，支撐腳協助發力，轉髖、擰腰、扭身，雙手暗護門
戶，緊湊、嚴密、協調、快捷、有力，隨心所欲（圖2-
43、44）。

圖 2-44　　　　圖 2-45　　　　　圖 2-46

六、掃腳

掃腿以旋掃為形，以掃倒和傷害敵體為功。掃腳飛起來，旋風一般，快捷力猛。其歌曰：「鐵腳索命旋風掃，招到勁到人盡倒」。

旋轉身軀，擰轉腰胯，把腿踢出，成弧線形腿路，力用腳裡側，腳掌立起，腳尖斜向上。而向後掃，則用腳跟傷人。掃出時，轉身、擰胯、探背、沉腹，支撐腿之腳掌可配合身軀內旋，手要隨腿法擺動，助勁發功。掃腿攻擊範圍很大，攻擊性很強烈，但重心控制是其難關（圖 2-45、46）。

圖 2-47　　　　　　圖 2-48　　　　　　圖 2-49

七、單飛腳

「跳步縱身單飛起」，起腿飛腳，身體縱起，既可攻擊遠距之敵，且利用步身速度和沖量，提高了殺傷和摧毀效能。再者，單飛腳，空中形占據上盤，控制戰勢，踢法特別，出人意料，加上勁足、速度快，常令人措手不及。

身體縱起，單跳或雙跳，向前沖擊時，踢出腳法，或彈、或蹬、或踩。注意控制身體的平衡，手可伸開，協助身法，加強穩定（圖2-47～49）。

第四節　短打的基本技術

「中節根節打短技」，短打即用人體的中節根節發勁攻擊，有肘打、膝打、頭打、胯打，屬技擊暗法，節短距短，靠身近用，出形隱蔽，勁力整重。

一、頭打

「控手奪門用頭打」，進頭必先控手（或壓迫、或封閉、或抓纏），方能出頭攻殺，不得盲目輕進。「鐵球滾動撞進去」，頭為圓形，鐵球一般，頭骨堅硬，剛性十足，猛然打進（面門、鼻骨、心窩），傷害特烈。

1. 沖頭

頭向前帶動身體撞擊而出，手向前撲（掌心向下，掌背向上），牙咬緊，舌抵緊，脖挺緊，力用在前頭骨。後腳要蹬地，身要向前傾，背要向前探，椿要向下沉。頭向前打，步要進逼敵之正門（圖2-50）。

2. 擺頭

頭向側外發勁打出，手隨之撲壓，牙關緊咬，舌尖緊抵，頸項緊挺，力用在側頭骨。發勁時腳要蹬

圖2-50

地，腰要轉動，背要前探，胸要回
收，身要側勢，這稱作「一動無不
動」，上動下隨，頭一動全身皆動，
整體力量匯聚為一，增加對目標的衝
擊力（圖 2-51）。

二、肩打

「貼身迎門肩抖尖」，肩節發
勁，一擁而上，猛然抖靠，全身之力
悉數而出，除損傷外，還可致人丈
遠，輕者也可致人樁步不穩，身形晃
動，破綻百出。

圖 2-51

1. 抖肩

身形驟然斜轉，向裡、向前旋動肩尖，抖發而出，肩尖
即肩頭，接觸處較小，壓力傳遞集中，功勁凝聚。肩抖勁
發，全身要渾圓一體，工整齊備。兩肘要夾合，兩肩要沉
降，可助功勁；樁步要順勢自然而動，微向前沖，穩重剛
沉，後足尖蹬地腰要擰動，送放勁力。兩手護衛全身，不可
疏散（圖 2-52）。

2. 靠肩

肩向前帶動身體靠撞而出，身向前探，樁步前伸。發靠
肩全身皆向前擁，雖以肩部用力觸敵，實乃一身之勁，此時
要注意恰當控制前移重心，慎其失重（圖 2-53）。

圖 2-52　　　　　　圖 2-53　　　　　　圖 2-54

三、胯打

「扭腰獻胯暗傷人」，胯打乃短技中之最短者，打出貼撞逼人，且出形暗藏，發勁隱蔽，往往出人意料。

腰腹向前扭動，上身更加緊縮，胯節自動打出，力用在硬胯骨。胯節乃人體樞紐，加上距丹田較近，功勁滿溢；兩腿夾合內扣，斂臀收陰，樁步沉穩送勁。後腿用力支蹬，腰節急促擰轉。主攻敵襠中，貼身撞擠，暗伏殺機（圖 2-54）。

四、膝打

「提膝封腿閉門戶，近體膝打凶共巧」，臨敵用膝，一可傷殺（襠、腹、肋等）力大難防，且利於出腿；二能封閉

圖 2-55　　　　　圖 2-56　　　　　圖 2-57

（襠部、腹部及小腿部）自禦，阻敵前進和出腳。

1. 提膝

膝關節向前、向上提起打出，腳尖垂放，身成正勢，力用在膝蓋骨。沉腰、探背（圖 2-55）。

2. 撞膝

膝關節向前沖打，身形側轉，上體斜仰，力用在膝頭。撞膝利用身法，拉近戰距，旋擺增力。支撐腿要穩（圖 2-56）。

使用膝打要把握好時機，能再對敵實施局部控制更佳。膝若未中，可立即展開腳技（彈或蹬或跺等），短中加長，順勢連擊。

圖 2-58

五、肘打

「肘打剛勁凶神藏，懷中獻肘把人傷」，肘為中節，肘形細長，有尖，肘骨堅硬剛性，既靈活又有力量，操縱自如，發勁充足，攻擊猛烈。

1.拐肘

肘骨向裡、向前成橫形打出，力用在小臂後側近肘關節處。腰腹要擰轉，樁步要沉穩，出肘要迅速，且配合上體重量，短促殺傷（圖 2-57）。

2.搗肘

向前直向用肘尖（骨凸處）搗擊而出。肩要沉降，腋要緊張，樁要穩固，腰要擰轉，背要探伸，全身各部嚴密緊湊（圖 2-58）。

第五節　打擊勁力的蓄發秘訣

「傷殺無勁事不成」，形顯於外，勁行於內，技擊即是把勁力發放出來傳遞到敵人身體上，以實施和完成傷殺的過程。

一、丹田勁力

各種勁力皆以丹田為核心，故一切勁力統稱為丹田勁

力。

拳經載：「肚臍以下會陰以上整體腰腹稱作丹田」，「勁力生發腰根源」，「腰腹不忘有丹田」，「一氣靈通大力仙」。從內講，丹田是五臟六腑之本，血氣之海，人體動能之源，丹田內有許多重要器官，腸、膀胱、腎、腎上腺及生殖系統等，腹腔、盆腔內有大量的植物神經和神經節，人體的重要穴位和經脈，如：任脈、督脈、沖脈、帶脈都經過這裡，能積蓄充足的內在能量，供應全體肌肉作勁力發放。從外講，腰腹是人體軀幹，重心中心所在點，運動的主要樞紐，由腹腔頂部的膈肌、腹前壁的腹直肌、腹外側壁的腹外斜肌、腹內斜肌、腹橫肌、腹後壁的腰方肌、腹腔底部的會陰肌、背部的骶棘肌等肌肉構成。

以這些肌群帶動周身上下各勁節肌肉發放勁力，可保證人體發力時的重心穩固，可較好地發揮肌肉順向收縮的速度，可調動更多的肌肉參與發力，增大爆發力和傷殺效果。

二、蓄力

所謂蓄力，積聚儲存功勁，乃發勁之本。勁不蓄則為空，何談發出？猶如放箭，必先開弓滿弦，蓄而待發。

蓄力時，集中心神，意欲發放，用節彎曲，全身放鬆，鼻施吸氣。

1. 集中心神

心意集中，聚精會神，人體儲能充足，減少消耗，勁蓄充沛，且增加耐久力。

心神集中，大腦清晰，指揮協調，內臟積極供能，為強

烈發勁（能量爆發）供給足夠能量和動力。

集中心神，更能使心意和機體肌肉發力協調一致，為心意支配肌肉發力做好充足準備。

集中心意能增強心意傳導功能和敏捷程度。

集中心神最利於放鬆肌肉。

2. 意欲發放

「勁力未發意欲先」，勁力還沒有發放，心意指令已經發出，勁節因此也呈現發力感覺，則全身完全進入發勁狀態，做好高度發力準備。

3. 用節彎曲

肌肢外形要適度彎曲（太直則力矩太短，力量不易完全傳導和爆發，太屈則力距太長，必使勁節消耗增大，力量發放分散和削弱），以使肌肉收縮，作用於骨骼，帶領勁節運行，產生力量和招數，且使勁節保持靈活性。

4. 全身放鬆

運動生物力學認為，肌肉收縮速度，隨肌肉的負荷減小而增大，由此可見，為了提高勁節的運動速度，必須儘可能減小肌肉的負荷，從力學上看減小肌肉負荷的效果是使肌肉中的張力減小，也就是說，為了提高肌肉的收縮速度，從而增加勁節打擊速度，必須設法減小有關肌肉的張力，而減小肌肉的張力就意味著使肌肉放鬆。

放鬆除放鬆勁節肌肉及相關肌肉外，還要兼顧全身肌肉，高層技勁講究「一動無有不動」，人體周身的肌肉只有

全體放鬆，才有調動和協調整體肌肉發力的可能，才能有全體的緊張，產生整體爆發，打出丹田巨大勁力。

放鬆除保持預備形肌肉緊張，絕不可使其它任何肌肉緊張，即：「不懈不拙，彈性靈動」，懈則力慢力微，肌肉收縮速度遲緩，勁力發節丟斷；拙則力乏力滯，肌肉無謂耗能，不能滿蓄，力量受阻，傳導不整，且沒有後勁，不易反應變化。要像彈簧一樣，保持彈性，鬆緊適度，虛中藏實，靈動待發。無論在靜式（門戶）蓄力或動中（打鬥中、走動中）都要按此原則來做。

放鬆不是疲疲塌塌、漫不經心，雖然放鬆，注意力要集中。

5.鼻施吸氣

鼻施呼吸，吸入氧氣，為肌肉發力供給根本能量。

吸氣時，膈肌下降，則腰腹舒鼓柔軟，全身肌肉自然放鬆，蓄勁完整，能打出丹田力。

吸氣時，橫膈下降，使人體上輕下重，重心穩固，樁步堅定，最利發力。

三、發勁

「練拳容易得勁難」，心意激發、動形規矩、呼吸合法是勁力發放之真竅所在。

發力時，丹田極速一動（「收腹宮，擰腰髖」），則全身俱動，身上下體內外，一動無有不動，「蹬後足，踩前足」，「領頭首，轉頸項」，「降步樁，扭膝節」，「沉雙肩，擺脊背」，「咬牙關，炯雙睛」，通體緊張，用節堅

剛，極速呼氣，心意震穿，意到力到，能量瞬間爆發，全體勁力悉數立時發放，快如閃電，烈似雷霆，無堅不摧，無人能逃。

心意、動形、呼吸是發力的三大要素，在發力瞬間同時產生，缺一不可。

1. 心意激發

心意激發指發力時，意想勁力無窮快、無窮大，將敵打傷打倒。

一可使心意得到強化，興奮精神，刺激大腦神經，疏通經絡，迅速供能。二可增多大腦給肌肉傳導的興奮衝動，使肌電電位變化增大，產生較強的肌電，激發肌肉動員更多的運動單位參加發力，且增大每一運動神經無發放脈沖電位的頻率，使每一運動單位的緊張性加強，因此提高發勁力度。三可加快運動神經傳導指令信息，加快神經元發放脈沖電，使肌肉收縮增快，且增強各肌肉運動的皮層中樞的協調性能，因此提高勁力速度。四可激發人體潛能，提高精神對物質的反作用，將人體最大能量和潛力，最大程度地調動起來。五可增加勁力的打擊深度和實際效果，使勁力完全作用，且不因敵所防禦（化力、卸力、阻力等）而被動減弱或消失威力及速度，並能對敵防禦連帶摧毀，一直打到敵身並滲透進去（硬打硬進無遮攔）。

2. 動形規矩

「不以規矩，不能成方圓」，發勁時對周身的各節都有嚴格的要求。

發放丹田勁力需經過周身各節的相互配合協調而產生的，這必須在一瞬間完成，不得有任何斷節（間斷或停頓）。

以下所講是發勁時周身勁節的動作總則，用來指導每一勁力，但人體是一個複雜的有機整體，每一勁力的發放都有著各自不同的動作偏重，各形拳腳附融各種勁力，有著非常微妙的細節區別，且要練習者自己體認。

（1）蹬後足，踩前足

發力時要快速蹬動後足。作為發勁之源，與地面產生反作用，借助地面，推動整體，利用整體運動產生強大的慣性，傳遞於勁節，打擊對方，且承受因勁節觸敵所產生的反力，不影響身形和連續發力。蹬法有兩種，一種用後腳前掌蹬地（腳跟抬起，似有彈性，易動靈活），一種後腳全掌著地用力蹬，五趾彎曲抓地，穩固堅定，後足是相對於勁節打出的方向而決定的。

踩前足與蹬後足互為因果，乃運動之必然連結。作為身體支點，穩固重心，因此而輸送全身重量，打出整體爆發力。初習者透過踩前足可體會力量傳遞的大小。

（2）領頭首，轉頸項

「頭節為帥」「百會穴領其全身」「頭為六陽之首，周身之主」，頭處在人體上下垂直豎線上，頭部位置端正，能保證立身中正，四肢肌張力均衡，頭部位置的變化，能引起上體狀態變化，影響肢體肌張力的重新分配。倘東倒西歪，必破壞身體的平衡與協調，引起勁力遲滯和鬆散。發力時頭應該根據發力隨向領動，率領整體肌肉發勁，保持勁力的變化靈活，且要適度前低，以引導腰腹向前彎曲，使全身更加

嚴謹，處於最佳發力狀態，配合各節，加強力向肌肉強度，提高和增加力量。另外，還有一定的自護作用。如：下腭、咽喉，也比較利於進攻。

（3）降步樁，扭膝節

發力時，雙膝適度彎曲，穩固下盤，作為發勁之基，能使周身力量匯聚一體，完整充沛，並利於調動和發放，同時也增加了與地面的爭力（產生反作用力）。而膝關節要隨發力方向扭動，以摧動腰髖及其他各節快速運動，產生全體肌肉收縮和衝擊。

（4）沉雙肩，擺脊背

肩節聳起，術語稱作「寒肩」，乃發勁之大忌，將引起勁力的輕浮、弱小和拘滯。而肩節下沉，脊背適度前屈略探，並與頭頸領發配合隨需要擺動，使中節嚴謹一體，更易於調動上體肌肉和上體體重，打出完整沉重勁力。且利於身體的上下協調和平衡的控制及根基的穩固。

（5）咬牙關，炯雙睛

一可興奮心意，振蕩精神。二能「驚起四梢」，使內外合一，整體嚴謹，提高肌肉的緊張程度，提高摧毀力和抵抗力。三易於集中氣息，加快呼氣。

（6）速度

速度愈快，則勁力愈大，物理學講，對物體施以兩倍的速度，可得到四倍的動能，即產生四倍的強烈衝擊力，傷殺效果數倍地增高。

從技擊上講，只有快速才能不被敵防禦住，方有實用價值，即「招無不破，唯快不破」。速度主要取決於肌肉的高度協調性和收縮機制的綜合功能。

（7）通體緊張

一可獲得強大的整體摧毀力和抗打力。二可減少撞擊有效時間，增加擊打力量。

（8）用節堅剛

打擊體愈剛，打擊力愈大，「沾身硬似鐵」，更加有效地傷損皮膚表面和產生穿透力量，這不但和發力瞬間接觸的硬度有關，也和打擊者平時的硬功功夫有關。用節肌肉緊縮，能具有更高的耐打抗擊能力，承受反作用力，避免自傷。

3. 呼吸合法

發力時極速用鼻呼氣，越快越好，呼吸適應動作，動作影響呼吸。有衝擊力才有速度，氣流衝擊出鼻，以衝擊聲助發力，力量倍增。

發力呼氣可使人體肌肉屈肌部分受抑制，伸肌力量增強，快速有力。發力呼氣，腹部內壓增大，迫使腹肌緊張，同時膈肌上提引起胸肌相對緊張，有利保護五臟六腑（提高抗力，減少振蕩，提高整體嚴謹）。發力時呼氣，血液可自然地由靜脈進入心臟，及時提供給頭部，保持進攻時的頭腦清醒、反應敏捷。發力呼氣可以使呼氣順利自然地完成，若吸氣則彆扭難適。

用鼻呼氣，體緊力大，全身機能相對緊張，氣力聚到一點上，可以產生較大的爆發勁，沉重剛猛。如蒸汽機火車原理，蒸汽機車煙筒出氣無力，推動連杆的小孔出氣力實而大，能帶動幾十節車箱飛馳。

也可用口呼吸，配合發聲，頻率較快，速度迅捷，易於

變化和控制，且振蕩精神，並能給對方某種驚嚇或迷惶。

四、收力

一發則收，重新蓄力，再次發勁。

五、連勁

任何勁力都不能一發即完成傷殺，倘遇敵卸力、化力、消力、阻力等，或自我失力、勁力失準、勁力低效等，這都需要勁力的連續變化和發放。

六、打擊勁力

勁力的區別由勁節使用、打擊形式、打出距離、打擊部位、作用時間、心意配備、打擊速度等不同所決定的。打擊有兩種主導殺傷勁力：震離動力和穿透勁力。震離勁力和穿透勁力又是不能截然分開的。

1. 震離勁力

震離勁力，蓄聚明顯，作用時間稍長，舒展暢通，力量飽滿，爆發若雷霆萬鈞，對敵不但內外皆有傷損，又可置敵身體於丈外之遠，對重心樁身的破壞尤強。使用震離勁力的單殺技有：拍掌、搧掌、推掌、捺掌、雙推掌、劈捶、圈插、掏捶、蹬腳、跺子腳、掃腳、單飛腳、撞膝、沖頭、拐肘、崩臀、擠胯、靠肩等。

2. 穿透勁力

穿透勁力，「穿肌透膚打五臟」，作用時間短，短形抖

放，猝然冷動，遒烈透輸，如迅雷不及掩耳，力透臟腑，傷其內裡，令人肝膽俱裂，重者立時原地斃命，其膚肉傷害痕跡卻甚小。使用穿透勁力的單殺技有：直捶、插掌、彈腿、削掌、撩腳、搗肘、頂膝等。

勁學，乃武學精粹，「得勁力之真竅者，得絕武技」，勁力之使用優劣，能夠反映出該派拳技的層次高低，也決定了修習者所可能達到的境界。

第六節　爪法的基本技術

「鎖擒纏拉沾肢勁，順勢連打變無端。大小擒拿出不術，分筋錯骨絕技玄」。爪法中主要有爪尖鎖扣、爪指擒抓、連腕纏摔、連臂捋拉四大功勁應用。

一、鎖扣爪

鎖扣，力達爪手之尖，收屈五指，即拇指和其餘四指或拇指與中食指扣剌相合，產生勁力，對敵形成局點傷害。臨敵中，依爪指角度與腕節方位變化為正反兩種鎖扣手。正鎖扣時，爪腕正向舒順；反鎖扣時，爪形反轉，腕部逆屈（圖2-59）。

鎖扣在擒拿中僅能攻擊敵體特定的穴位和軟筋等非常脆弱的部位，如：利用指尖的壓透功勁，暫時鉗制，或在纏摔擒拿中同時含有鎖扣之

圖2-59

力，既有扭筋折骨之效，又有壓穴搯皮之傷疼，起到一定的微妙配合作用和協同傷害，但仍以纏擰勁力為攻擊主導。而在打法中主要用於攻擊眼球、喉管、陰囊等特殊的要害。

圖 2-60　　　　　　　圖 2-61

二、擒抓爪

擒抓不僅需要指尖之力，而且整個手掌內動，拇指和其餘四指同時向內收縮（圖 2-60）。

擒抓是擒拿術的重要基礎，一切擒拿術皆由擒抓手開始。一可擒抓敵方筋韌骨節，取獲和穩定目標，有的放矢；二可抓握支點力點對抓握關節及連帶關節施加各種分錯勁力，並配合另一手和其它勁節實施擒拿傷害。而用於打法中，先行擒抓，以期控制敵攻擊勁節，破壞敵技擊優勢，「制其本，閉其根，破其勢」，然後乘機擊其要害，即「擒打術」。

三、纏擰爪

「纏擰有硬性強迫之勁，有螺旋化勁之妙」，所謂纏拉，指在擒抓敵關節後，以手腕為支點，用爪掌纏繞施力，轉動敵肢節，使其逆反扭曲（圖 2-61）。

纏擰的臨戰變化，依爪形角度與腕關節方位，可分為內纏擰和外纏擰兩大類爪法。內纏擰是向內纏擰運用手勁，外纏擰是向外施力。纏擰的幅度可大可小，小則利用指腕力，挺降浮沉，大則包含肘臂的功勁。

纏擰爪主要在擒拿術中運用，能直接使敵方肢節筋韌破裂，即使單纏不傷，但敵已背離關節允許程度，脫離關節正常範圍，更利進一步重創。另外纏擰還有化解和消減敵方相持和反擊力的妙用。

圖 2-62

四、捋拉爪

「捋拉有順勢借勁之巧」。所謂捋拉，指在擒抓敵關節後，順勢以梢帶根或連帶整身施力，置對方勁節或身勢於不利地位，以便我乘機實施殺傷。捋拉有向上、向下、向左、向右、向內、向外、旋轉、連環等多種爪法變化（圖 2-62）。

從擒拿術來講，捋拉可使敵關節筋韌伸直，關節直了，起保護的肌肉也就伸展了，從而使關節彎曲，旋轉等活動的幅度減小了，更容易導致滾筋、脫臼、斷折。另外捋拉還有改變戰勢、借力使力、動搖敵椿根和身法，以及在防禦中阻

攔封閉等用處。

第七節　技擊的應戰架勢

臨敵對峙，所擺應戰架勢，舊稱「看家門戶」，既能封閉自護，又利出招攻擊。

一、玄機式

兩手伸出，一前一後，一長一短。手形分掌、捶兩種。

喜使掌爪者，掌指隨意開張，如人平時之手形，似爪非爪，似掌非掌，似直非直，似曲非曲，為自然手，自然而然，從自然中求基礎，從自然中蓄功勁。腕骨自然起立，手指放鬆和舒展，既能提高力量、速度，又利於變化、靈活。掌形斜轉，掌背在外，掌心在內。

使捶者，手指自然捲握，拳心虛空，自然成形，腕骨自然挺立，彎曲手指不可僵拙，亦不可懈弛，放鬆使其有舒適之感覺，但要微微有力，便利發出功勁之通順無滯。捶形微斜，捶眼轉向內部，捶背在外，捶心在內。前手臂彎曲，伸出長度和高度以易打出而自行調節，置於人體中線。後手臂更加彎曲，置於胸前，手形要求同前手。鬆沉肩節，肘部鬆放，圓活自然。如此手臂緊湊嚴謹，互為虛實，易發易禦，無窮妙處。內含殺機，只等一發。

身形 45°傾斜，易於防禦，倘若受擊亦可分散敵勁；腰部微微向後，以便轉髖發力；兩腿分開，一前一後，腿距以步法能夠靈活為度，因人而異，各腿皆能隨意進退自如，互不生礙。兩腿適度彎曲，有利於進退閃展。前膝微微裡扣，

前腳全掌著地，腳跟微微外轉，腳尖內斜向前方。前腿為先鋒，帶動步法，出動招法，同時前腳控制整個身體姿勢。後膝微微裡掩，內含向前發動之意，後腳全掌著地，斜向前方，腳尖暗蘊動力，以此為勁點，便於發動步法，十分靈活。進步之時，後腳尖藏力發動步機，乃秘傳暗訣。

整個身體，後腿為支撐，為運動根基之所在。從虛實上講，前腿為虛，後腿為實，力度負重以三七或四六分為宜。腳尖為實，腳跟為虛。胯部微坐，臀部微斂，整個下門舒鬆通順，隨時準備變化椿形，隨時準備進退閃展，出腿飛腳。內含靈機，只待一動。

頭頂項領，精神抖擻，眼睛炯起，明亮銳利，胸部內收，腎陰縮歸，閉唇合齒，鼻施呼吸，精氣神合，只候一用。

功勁滿蓄，心欲傷殺，有未打已中之意念，似捕獵物，有躍躍將動之感覺，高度嚴謹，高度協調，高度準備，此時出擊，必若閃電之快不可測、雷霆之力不可禦（圖2-63）。

玄機式不但善攻而且善守，布立此式，手臂彎曲，肘節收歸，護於胸前，兩脅、軟肋、頸脈、喉核等幾大要害，都能封閉；腿以前後分開，配合身手，可封閉地襠陰囊；身形側斜，頭頸隨向，鼻梁軟骨、眼部三角及腹中心窩、地襠陰囊，皆避開正門，減少被擊打面。這樣身體就非常隱蔽，非常安全，而且可以封閉敵手勁路，阻擋其招法，遲滯其出招，故有「玄機一立，無懈可擊」之說。即使換上幾拳幾腳，持此戰架，無傷大礙。

圖 2-63

圖 2-64

二、守洞式

前腿提起，離地適宜高度，膝節適度彎曲，腳腕自然勾屈，腳尖指向前上，與地面成 45°角。後腿微屈，全腳掌著地，腳跟微微內轉，腳尖向外斜向前方。兩腿距離，既要求穩固樁形，又要求靈活易動（圖 2-64）。

此式由玄機式變化而來，最適於我發出各種腳法，尤擅封閉敵人下盤，阻擋其來腳或進步，攻防兼備，很有特色。

擺好門戶，準備廝殺，稱作「以靜制動」，待機尋機。但死守門戶，不談攻擊，純粹靜等，感覺有恃無恐，又為所累，所以重要的是把門戶運用到實戰中去，隨時準備出拳飛腳，能打即打，見縫插針，逢漏即到，方為正理。已經攻擊，門戶自我封閉原理依然指導著打鬥，餘手餘節也不可鬆

懈，既要蓄勁連打，又要常有警覺，可放近空檔，以利攔截動防，這稱作「攻中之防」，能防備萬一。

第八節　技擊的眼法秘訣

「無盡天機藏神眼」，技擊之時，眼睛重要非凡，敵方樁式、手形、身向、角度、高度等門戶位置，敵方步法、拳腳等進攻企圖，敵我距離之遠近，以及我對進攻目標的準確捕捉，對敵出招所做出的反應等，皆要用眼睛去觀察，去感覺、預測、決策。

要想勝敵，必須學好眼法，用好眼法。眼見則心知，心知則意動，意達則招到，技擊絕技，再神再玄，也必須由眼先識，識而方應，有的放矢，恰當使用，方顯現出絕妙。眼為拳母，目動招隨，眼到招到。

技擊用眼有明有暗，有實有虛，以明實為重。明眼銳利，眼簾不捲，目透精光，炯起有神，看透敵之一切，無所疏漏，任其千變萬化，視之難逃。實眼狠毒，目露殺機，死死盯視，心意震攝，威脅對手，破敵膽氣，令人不戰而慌，手足失措，更易傷殺。暗眼隱蔽，眼光淡淡靜靜，似無意圖，令人莫測端倪。虛眼狡猾，虛中有實，挑逗或誘惑敵入我圈套。

第九節　技擊的實戰步法

「步動打人顯神通」，技擊具有流動性的本質，尋找攻擊目標或內避敵方攻擊，組成了整體的技擊格局。不存在像

靶子一樣靜止的對手，也沒有把自己作為靶子讓對手自由攻擊的技擊者。面對來回運動不斷變化的對手，必須隨其動而動，隨其變而變，捕捉其要害，見機而攻之。而步是運動之樞紐：進退反側，非步無以作鼓蕩之機；抑揚伸縮，非步不能示變化之妙。臨敵攻擊，走動連環步，移動勁節，調宜戰距，近身快打，力發能到，出招即傷人。禦敵利用步法，或稍作退讓，易截易格，或大幅進退，整體讓位，能夠減少破綻，避免換打。

　　「輕靈迅捷共穩重」，起步要迅捷輕巧，靈活適機，結合擊技，尋機打要，步活則招活，步快則拳快，活則難測，快則難防。落步要穩重堅定，重心不飄浮，發力有根基，功勁方完整。「無盡奧妙連環中」，連環多變，步之基理，步動招隨，變中求機，連中生機，利於進取；而攻擊，又有拖拉交叉，跳躍奔騰，對敵發出勇猛強烈、連環不斷、變化多端的招勢，使其躲一難躲二，終為我殺傷。老拳師常說：「擊技修煉走一走，功夫高低行一行」，步之好壞直接反映出技擊者的用技優劣。

一、拖拉步

　　快速起動，一腿向前拖地滑行，腳跟微抬，腳前掌貼地，拖地前進，同時另腿自然跟隨。如此腿帶腿連續走動，即成拖拉步（圖2-65～67）。

圖2-65

圖 2-66   圖 2-67

「腳下滑出一條線，渾然一體自通玄」，一腿拖走，一
腳拉走，一條直線，向前滑動，故稱拖拉步。進步時，前拖
後拉，退步時，後拖前拉。前腿拖地，不要太過於用力，會
影響速度，也不要離地，以穩固樁式。後腿動作不可間斷停
頓，要快速跟隨。

二、交叉步

「繞肢交叉過步走」，此法走步時，步走連環，下肢交
叉，即過步。前後腿一前一後的交替行走，方位連續變化。
這和拖拉步的帶步不同，拖拉時前後腿方位不變，前後始終
鮮明，身軀始終一個方向。

一腿向前，越過另一腿，帶動身體向前運動。另一腿繼
續越超，交替連續走動，即成此步法（圖 2-68～70）。

交叉步走形極似平常走路，但不能像平常那樣隨隨便

圖 2-68

圖 2-69

便。臨敵要注意調節身體高低和步幅大小。身向、勢架、手法都要隨步而適變。多加練習，至於純熟，自有心得。

三、跳躍步

「快步如飛近身前」，跳躍步是最快之步，步功深者，瞬然一動，不見步影，已近其身，閃電殺傷，奇快無防。

圖 2-70

此步有單跳躍和雙跳躍兩種。單跳躍時，後腿先行跳起，離開地面，以此作為墊步（拉長距離，加快步速），帶

圖 2-71

圖 2-72

圖 2-73

圖 2-74

領另腿快速跳起，連環形躍出（圖 2-71～74）。雙跳躍時，兩腿同時離開地面，躍越原址，任向帶動身姿（圖 2-

圖 2-75

圖 2-76

75、76）

　　起步要迅捷輕靈，全身要平衡，餘節要協調，落地穩重自然。

第十節　拳法的基本樁勢

　　劃分樁形，統一標準，便於留譜，主要出現在拳路中。

一、騎乘樁

　　兩腿分開，距離比肩稍寬，兩膝適度彎曲，如騎乘之形。兩腳全掌貼地，穩如磐石。騎乘樁又分為純騎式和側騎式兩種。純騎式，正身樁步；側騎式，側身傾步，腳尖斜轉（圖 2-77、78）。

圖 2-77 圖 2-78

二、弓箭樁

　　兩腿一屈一直。一腿彎曲
如弓形，一腿蹬直如箭形，故
稱弓箭樁。腳尖微微內扣，斜
向前方，全腳掌貼地。兩腿之
間距離適度，保持沉穩。此樁
為發長勁完成之形，縱深距離
較長（圖 2-79）。

三、仆身樁

　　一腿彎曲；一腿下仆，低
式，伸直；重心後移，以後腳

圖 2-79

圖 2-80　　　　　　　　　　圖 2-81

全負體重。此樁縮身後撤，身軀低隱，作退式閃避（圖2-
80）。

四、獨立樁

一腿提膝，腳面伸直，腳尖下垂。一腳腳掌貼地，腳尖
微微斜扣，獨立生根。此樁可作封門、封腿之用，阻止敵手
前進，封鎖對手起腿。封腿時，所用腿腳尖可以勾起，以腳
掌迎敵。也可以此樁起腿、跳步（圖2-81）。

五、丁字樁

兩腿微微彎曲。一腳尖點地，腳跟微微提起；一腳掌貼
地，腳尖微微斜傾，兩腳如同丁字，故取名丁字樁。丁字樁
有兩種，一種前腳點地，稱作前丁字樁（圖2-82）。另一

圖 2-82

圖 2-83

種後腳尖點地，稱為後丁字樁（圖2-83）。

使用丁字樁，樁形靈敏，縱深距離最長，樁架最高，易於深入攻擊，易於遠撤防禦。另外，丁字樁非常便於起腿飛腳。

六、跪拜樁

一腿彎曲，全腳掌著地；一腿跪下，腳跟抬起，重心下沉，全身渾然一體（圖2-84）。

此樁作為攻敵下門時使用，降低身形，可縮小防禦範圍。

七、交叉樁

一腿彎曲，另腿繞過此腿，交叉成形，取名交叉樁。腿

圖 2-84　　　　　　　　　　圖 2-85

在上者，全腳掌貼地，腳尖順勢斜向，腿在下者，腳跟抬
起，腳尖點地（圖2-85）。

　　各種樁形，雖腳步不動，勢架也變化，根據需要可調節
重心，變動身形，改變戰距，轉換方向，能高能低，能前能
後，在攻擊（發勁）、防護（閃躲、卸力）、門戶（封閉、
擺設）中很有大作用。

第十一節　打擊的人體要害

　　要害，指人體上的致命部位，包括穴道和臟腑。穴道，
人體神經的密集處，與各組織系統、血液循環等連帶緊密，
易受重傷。臟腑，人體內臟的各器官，質地脆弱，且無骨類
的強力保護，難以承受打擊。練習技擊之術者，為出擊即得

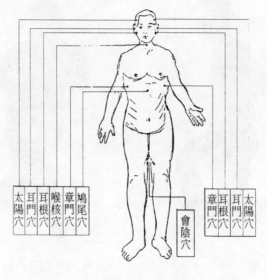

圖 2-86

特效，必須知人臟位，明人要穴，總結出重要的打擊目標，臨敵施技，方能有的放矢，極其精確地實施傷殺；故對要害打擊的研究與深化，是技擊的捷徑。

無論高大者、強壯者，其要害依然脆弱，與普通人毫無區別，只要打中的是地方，不需要大大的勁力，足以制敵。故以最快的速度，最少的招數，最小的勁力，打擊最準的要害，獲得最高的效果，是擊技的絕招（圖2-86）。

一、眼部三角

眼球內為流體，稍受觸擊，即酸疼生淚，兩目失光，若加重擊，中則變盲。眼外眉梢有「太陽穴」。

二、兩耳太極

此為側門要害，受擊疼痛異常，兩耳轟鳴，暫時失聽。有「耳根」「耳門」兩穴。

三、鼻梁軟骨

鼻骨質軟，脆弱不堪，打則劇疼，鼻孔流血，無法應戰，嚴重者骨架斷折，致人昏迷。此位無穴。

四、頸脈喉核

喉核在頸部正面，說話之時，這塊軟骨震動起伏，此有聲帶、食管、氣管相合通過。中有「喉核穴」。側頸有頸靜脈、迷走神經，重擊人即昏迷。

五、腹中心窩

此部乃人體中氣之海，受擊則內積凝血，氣機逆損，引起難受、憋悶等多種症狀。腹中線劍突處正下有「鳩尾穴」。

六、兩脅軟肋

此處骨質較為脆弱，要穴甚多，且與心臟、胃、肺等人體重要臟器相互連帶。肋骨極易骨折，尤其最下部，軟肋被擊，疼痛難忍，呼吸困難。乳下外側有「章門穴」。

七、地襠陰囊

襠部，人體陰器所在，為海綿質體，不堪重擊，尤其陰

囊，內藏睾丸，神經密集，人體關鍵，輕打致人劇痛立仆。
襠之下有「會陰穴」。

八、後腰雙腎

雙腎部位為後門要害，在後腰間兩側軟處，打之內氣機
損，心口憋悶，不能言語。

第十二節　技擊的防禦秘訣

「傷殺先把防禦練」，技擊之道，防禦至要，不能禦
敵，必被敵擊，故學傷殺招數，先得練好防禦，自身防護嚴
密，對敵破招有方，無懈無失，敵攻不進，打不住，方穩操
勝券。

不要因為敵方拳腳一動就去防禦，其招術不一定到位，
或可能是引誘虛招，這就容易出現空檔，貽誤戰機，或被敵
利用，或影響勁力發放，要學會從距離、動作等去正確感覺
和判斷，所以防禦要有一定的範圍，即自己身體的易傷處，
超出範圍以外，無論如何凶猛，對我無效，要置之不理，並
以此為指導原則，防禦的動作也不要太過，禦出門外即可，
大幅大動，亂開門戶，枉費勁力，易致被動，反而不妙。

「獨用禦法非整技，禦中使打技法全」，防中要有打，
防打要合一。與進攻分離的單純性防禦，防禦動作做完才能
反擊，浪費時間，貽誤戰機，敵必變招、連招，我終在被動
中，所以要一手防，餘節攻，同時完成，防則為攻，防中有
攻，不讓敵二次出手，既安全又具有突擊效果，敵打我反挨
打，才是防禦反擊的絕妙。當然更不能消極防禦，終不傷

圖 2-87   圖 2-88

敵，必被其傷。

一、截攔

「攻取路上設障礙，以招對招用截攔」，在敵剛剛實施攻擊時，把其招數功勁截在半途，使其招不能全發，勁不能全出，非常精妙。

為了取得截擊攔路的成功，則要增大對敵打出部位的控制範圍，增長對敵勁節的控制縱深等。可用開掌，五指張開，用整個手掌內面，遮攔推擊；或懸起腿部，使用全腳掌阻截攔擊；或用長手長腿，攔擋阻封；或放長擊遠，攻其身體，截其根節，後發先至；或從側面巧截（類似格擋），以梢節截敵中節；或直接與敵對拳，打敵攻擊勁節，你打我也打，反勁打擊，後發摧毀等（圖 2-87～92）。

使用截攔的時機在敵微動。即敵不動，我不截，敵微動，我用攔。盡量把其擊打阻止在進取途中，即當敵的勁力未爆發或發而未全時，更加容易消截，此中妙意，自行體認。截攔之時，以招對招，以勁對勁，硬固硬抗，敵招雖然沒有完全攻出，但也有發勁沖量，含藏相當力道，要注意用整體功勁對抗，以維持自樁的穩定和連攻的蓄力蓄勢。

圖 2-89

截攔目的在於控制其攻擊勁節，阻止其爆發勁力，非常精妙，但對技巧性要求相當高，必須有極好的感知

圖 2-90

覺察和靈敏應變能
力。技擊時，雙方
手腳飛快，電光石
火，且變化多端，
令人難測，要做到
恰到好處地捕捉敵
方可能進攻的拳
腳，是相當困難
的，尤其戰距近
時，防禦者雖手忙
腳亂也多有失誤；
或功力差者，根本
抵抗不住，無法截
攔。所以截攔必須
極其精練，而且要
配合禦法，才能萬
無一失。

圖 2-91

二、格擋

「格擋敵法身
外送，卸化功勁再
進拳」，格擋意在
格離和擋開，即是
把敵之任何方向的
進攻招勢和發出的
勁力格開或擋開，

圖 2-92

圖 2-93　　　　　圖 2-94　　　　　圖 2-95

不讓其打上。

　　「防人只靠膝肘彎」，格擋的
部位稱為「自護處，指一般不易傷
害的肌肉骨節，主要是前臂骨和小
腿內外側，或掌緣、掌心等。手臂
實施格擋時，彎曲肘節，以肘彎為
支點，前臂旋轉，或直接橫向運
動，短力短形，上臂一般不動，以
前臂骨（或掌根掌緣等）觸敵，實
施格擋防禦。以腿實施防禦，亦要
彎曲膝關節，利用小腿節骨（或足
緣）對抗敵力，一般以腿防腿（圖
2-93～99）。

圖 2-96

圖 2-97　　　　　圖 2-98　　　　　圖 2-99

　　硬骨格擋，抗打力大，控受範圍廣，能格擋多種攻擊，耐受多種勁力，緊湊嚴謹，防守嚴密。技巧性要求也不高，很容易掌握，且中節堅骨彎曲，能產生整體抗力，以勁對勁，一般可以應付，但還要運用功勁的卸化法，橫破直、屈破直、或直破橫、直破屈，轉化或卸掉，或利用身法步法配合，更為省力和奏效。

三、閃躲

　　「不接不觸不沾身，任敵功勁千萬鈞」，閃躲，亦稱離禦，是最省力的防禦，是最巧妙的防禦。不接觸，不沾衣，不封閉，不截攔，不格擋，只是利用身法之吞吐浮沉，或步法之退走讓位，使敵招無從著力，等於空發。椿步不動時，或腰節後仰、前俯、側扭，或頸節搖擺、腦袋晃動，或膝節

圖 2-100　　　　　圖 2-101　　　　　圖 2-102

提展，不讓敵打上。利用步法時，或走，或跳，或跑，以及
後退、左右離、騰空等，脫開敵攻打的範圍（圖 2-100～
105）。

　　格擋、截攔等禦技使用時，敵之功勁較差，尚能應付，
倘遇勁敵，功力超我，硬性防禦，則難以承受，此時弗以力
敵，宜以智取，即用閃躲，使身體與對方脫離接觸，於是對
方即無從攻擊（不管對方如何進攻，無非以我的身體作為目
標），敵之勁力，也失去作用的對象，任其千萬斤力，毫無
用處，且敵無法見手破手，借勢利用。

　　敵招被我閃躲破解，則變為虛，我此時攻擊，以實打
虛，必能得手。敵進招反被擊，玄奇之功就在於敵招即將發
完，此時閃躲，使敵打空，此時其招已完但尚未收手，而後
一招又尚未發出，乘此妙機，隨即速擊，敵必難逃。有諺：

武當秘門技擊術—入門篇

圖 2-103　　　　　圖 2-104　　　　　圖 2-105

「內躲禦法，不招不架，避人攻擊，就是一下」，我在閃躲同時順勢反打，後發先至，一擊中的，省力省時，輕鬆巧妙。

在技擊訓練系統中，防禦是一個不得忽視的重要組成部分。練習者必須經過「亂打練防」「只守不攻」的階段，方能正式進入自由整體搏擊。藉由各種防禦對付各種快速難測的進攻，練習者獲得各種化解、承受和適應拳腳打擊以及隨時抓機反攻的能力，且自己能在防禦中檢驗自身各方面的技術水準。

第十三節　技擊的心意要訣

心意是傳統稱呼，簡單地說，心指大腦（高級中樞神經

的發源處，有一百億到一百五十億個神經細胞，能記憶十萬億以上的信息。它透過對各種形式的信息貯存、分析、綜合、加工，下達指令，實現對人體自身的自動控制及與外界的相互作用，是人體的最高司令部），不是心臟。心之所動，是意，即大腦下達的指令，發出的信息。

人是心意與外形的統一體，形顯於外，心主於內，「內動於心，百體從令」「手足運用，莫不由意」「心意為君骨肉臣」，身體在心意支配下，作出各種各樣的擊技法，各類擊技中的功勁、應用皆和心意有極密切的聯繫。技擊中心意有靜、勇、警、智幾大要訣。

一、靜

「心靜拳腳方成用，控制裕如當場勝」，心靜是技擊心意和招數應用之根本，一指常態下的心靜；二指即將進入激烈運動時的心靜；三指肢體激烈運動狀態下的心靜，即外動時的內靜；四指處於非常狀態下的相對心靜。

「心不靜，有技不能用」，一個無法做到心靜的技擊者，將因為心意的分散，心神的混亂，致使眼法失銳、步法失調、拳腳失控，臨敵動手，手忙腳亂，胡揮亂舞一通，該進不進，該退不退，該防不防，該打不打，該收不收，不但難以準確恰當地傷殺敵方，而且無的放矢，事倍功半，即使打中，周身的勁力也發放不出來，達不到應有的傷殺效果，又必破綻百出，被敵利用，終日苦功所學，毫無用途可言。

是故，務必學習去控制自己的心靜，心意靜訣除在內功修煉中求得，還要經常參加技擊練習，去適應各種複雜、緊張、激烈的打鬥，在快速難測的動態打鬥中，動中求靜，努

力保持鎮靜的心意、清醒的心意，同時集中自己的心意，運用自己的心意，指揮自己的肢體，去感應，去判斷，去決策，去防禦，去攻擊，作出準確、恰當、絕佳的擊技來。

心靜對於技擊是至關重要的，一個只有永遠保持心靜的人，才有望成為最優秀的技擊者，才能夠得到心靜的大益。做到心靜，一則人頭腦清晰，神經鎮定，統領全身，指揮協調，心與形合，形與心合，拳腳攻防控制裕如，雖步身走動，激烈打鬥，無礙無滯，隨心任行，即使突受襲擊和驚嚇，亦可快速自控，全神應付，不慌不忙。二則人眼光必清，觀察準確，判斷正確。三則人呼吸自然（心意不靜，橫膈發緊，五臟不舒，皆引起氣短或氣亂），輕鬆舒暢，能增加耐久力，在疲勞時儘快恢復體力。四則人肌肉易鬆，生發彈性，體感靈敏，反應快捷，蓄力完整，且易於變化，毫無拘束。

二、勇

「心勇氣雄何所懼，膽壯自增幾功力。沒有膽量難用打，害怕何必練擊技。本身浩然正氣在，雖死猶要求勝利」。

「夫戰，勇氣也」「怯者必敗，勇者必勝」「畏敵者必侮」，技擊乃性命相搏之學，臨敵之際，面對敵欲傷殺，利害當前，不得被對方名聲、體格、面容、語言、動作等所嚇倒，不得為勝負後果等所役使，必須敢於應戰，全力以赴，志在必勝。倘有任何膽怯害怕，心驚膽顫，膽喪神失，舉步不前，心寒手軟，必任人宰割，怕挨打必須更挨打。

孟子曰：「吾善養吾浩然之氣」，浩然之氣即人間正

氣，俗語講：「正氣壓邪氣」，為揚正義而戰，「雖千萬人吾往矣」。雖千人萬人，再凶再惡，何懼之有？

實際上，每一個人，那怕是功高技深者，在遇到強敵的時候，或者是生死關頭，尤其是突遭危險，都會產生恐懼感，這是人的心理本能。但對於技擊者，必須了解恐懼的本質，儘快擺脫恐懼的奴役，運用勇訣去強化心意，以勇氣代替恐懼，讓恐懼轉變為能量和動力，使人變得勇敢無畏。否則這些恐懼將會影響你技藝的發揮，勁力的發放，甚至傷害你的身體。

心勇則神提，精神激發振奮，心意得到主動的強化，人的身體因此會達到積極的最佳技擊狀態。

三、警

「防人之心不可無」，處處如臨大敵，提高心警，有備無患。

與敵相遇，雖未交手，也不能放鬆警惕，要心存警覺，意欲防變，時刻戒備，以恐敵方突然襲擊，不得被其言語、表情、動作等所迷惑，防止失機。尤其是初次試技，更要警覺虛招、假力。

「手出心警意防變」，已經出手，一招打去，不但要為連續打擊，準備收手、變招，還要防止敵方反擊，作好防禦心意預備。不能孤注一擲，使用老勁（把功勁一下用完），除攻擊勁節外，全身各節也要保持警覺，不得鬆懈。尤其初戰時，更要謹慎，不宜放任深入。

已經被迫實施防禦時，不能只防其一，易遭連擊。心意上更要警惕，作好連防準備。

日常生活中坐臥行走時刻不離警意，假想有敵突襲，意欲施用各種防禦或反擊，如此常備不懈，虛中求實，人的防禦本能、靈敏反應、應變招數等能力即會飛快提高，這就是老輩常說的「處處不離警」「無處不警意」。

心警則意靈，精神興奮，思維清晰，洞察敏銳，判斷準確，反應麻利，全身驚起四梢，蓄滿暗勁（步欲脫離、身欲躲閃、掌欲封閉、臂欲格擋、腿欲截攔等），隨時準備防禦與進擊，任敵突襲快攻，應付自如，不落敗地。

四、智

智是人大腦智慧的反映，技擊講智是指避敵之長，制敵之短，「拳無不可破，勝在智中求」「兩勇相鬥智者勝」「不以力奪，反以智取」，能否發揮智訣，是制勝的關鍵。

經過歷代實踐，技擊家積累、總結了自己的一套獨特的打鬥心智，即戰術。

靜、勇、警、智不是幾種心意，而是一種心意（用於技擊）的幾種要素，相通相成，在實戰中同等重要，缺一不可。

經常體會心意各種要訣和正確練習使用心意，「心在拳先，以形追意」，久而久之，心意與外形高度相合，相附相依，不分彼此：心意一動，外形即動；外形一動，正合心意。老譜上稱此為「久練有意變無意，無意之中是真意」，此時外形超越於心意的生理主宰，所謂熟練成自然，達到拳腳高度自動化的技擊境界，有感皆應，一觸即發，自動攻防，能「依形出形，隨形化形」「捨己從人，任行傷殺」。

第十四節 技擊的戰術精論

所謂戰術，指技擊時根據對方體能強弱、技法優劣、師承特點等制定的有利於發揮自己戰勝對手的攻防原則。

一、強戰

所謂強戰，指技擊者基於自身篤實的功力（抗打、發勁和硬功等），以我為主，強打硬攻直上的作戰方法。

強戰主要有三個作戰原則：丹田勁力、步進正門、封門閉戶，並不是純粹的孤注一擲。

丹田勁力，指在最短的時間，以最快的速度，打出最大的力量，此乃實施強戰之本。「大力打小力」「一力降十會」，既可取得傷殺實效，又可摧毀對方防禦（直接硬封對方發招，打擊對方防禦手或進攻中含橫力硬力，不讓其防禦成功），收到強戰效果。

「步進正門奪地位，就是神仙不能擋」，正門乃身體之正面，人體正中，重心所在，控制整個身體，且遍布要害，襠、心、肋、面等，是絕佳的強戰目標。而被進正門者，中正失守，失卻核心，最難防禦。進入正門最能體現強戰威力，十分霸道，但消耗較大，非有優勢功力，不能破敵門戶，故稱作「力大走正門」。

封門閉戶，配合實戰門戶（如玄機式等），利用門戶原理指導進攻（除勁節攻擊外，門戶中的其它部節有自我封閉之用，保護要害，提高抗打，即使挨上幾拳幾腳，亦不妨礙進攻）。

真正的強戰，敵靜也打，敵動也打，敵防也打，敵攻也打，「硬打硬進無遮攔」。

二、快戰

所謂快戰，即「以快打慢」，高速出擊，爭取主動，搶奪先機，處處在前。

實施快戰，必須具備三要：

一要感覺快，利用技擊的感覺器官（眼、皮膚、耳朵），快速察覺和預測到敵方和周圍的情況，並迅速傳入大腦中樞。

二要心意快，大腦神經中樞能快速綜合各感官傳來的信息，及時判斷、決策、反應，下達攻守指令。

三要動作快，心意指令快速傳出，支配肌肉快速協調收縮（心意快到極點，一感即應，一觸即發，動作完全自動化，更能快速超常，達到疾若閃電的地步）。

步動要快，身協要快，防禦要快，打出要快，勁力要快，變化要快，另外攻擊距我最近要害、取最短路途出擊（如取直線打擊，或前手前腿打擊，或用靈活的梢節打擊），也屬動作快的範疇。

快戰既是一種戰術，也是實現戰術的先決條件。快速可以增加打出運動衝量，增大爆發勁，提高傷殺力。二可攻其不備，動比敵快，一發即到，快速中敵，出手不能逃，武諺講：「招無不破，唯快不破」即此意。三可防禦敵打，動比敵快，讓其永遠也打不著我。

三、連戰

所謂連戰，即使用連打，復合技擊。

連打，即各種連環打擊法，最少為二，或三或四或更多，其中包括單節連打、雙節連打、混節連打，且不止一個要害部位，敵方各個穴道和臟腑皆要兼顧打擊。此收彼發，此起彼伏，神出鬼沒，令敵逃其一，不能脫其二，防不勝防，終被傷殺。

遇敵防禦也不能停止攻擊，見形要破形，即連消帶打，主要使用拍掌、抓拿、挑臂、離身、壓迫、托手等，掃除障礙，一發連擊，滔滔不絕。

連戰要求動作協調緊湊，前一招為後一招設伏，後一招為奏前一招之功，禦接嚴密，出擊迅猛準確，不得盲無目的，亂打一通，且要富於變化，令敵難測難知。這來自於平常的多練多打多悟，純熟自然，方能應用無礙。

四、誘戰

與敵相遇，敵家門戶緊閉，戒備森嚴，不能直接攻擊，或與敵初次交手，須存謹慎，不宜深入時，即用誘戰之法。誘敵作出錯誤判斷，實行無效防禦，亂開門戶，露出要害，對敵致命打擊或探其虛實，察其破綻，以利再戰。

誘戰最常用、最典型的表現是使用誘手，如先佯打面門，欲遮敵視線（拍掌），或先佯打其下陰（彈腿），或身向前傾，似作打出狀，或前腿輕抬，假進步出腳之意，或打算打敵上門，而用眼盯其下盤等。

上誘則下擊，下誘則上擊，左誘則右擊，右誘則左擊，

見手則破擊，見虛則實擊，防禦則虛擊，處處牽敵鼻子，處處主動在前。

五、靜戰

所謂靜戰，即「以靜制動」，拳形靜定，等待戰機，後發制人。

拳理講：「打動不打靜」，敵靜時，門戶緊閉，椿步沉穩，漏洞較少，很難進攻，即使被我打，也擊不中要害，放不動軀體，收不到高效，且敵有主動性，易受敵反擊。敵方一動，才會有動作預兆，暴露企圖，出現破綻（出手偏差、步法差距、勁力丟斷、椿勢輕浮等），為我所利用。

實施靜戰時，並不是純粹的靜等，消極失機，而是按照打鬥門戶要則，既封閉本體要害，保持心意冷靜，不受誘，不受亂，「以不變應萬變」，且要常存警覺，審機觀變，伺隙而動，隨時準備出擊，所謂「靜如處女，動如脫兔」即此意。

六、控戰

所謂控戰，即先主動控制，使敵喪失起手、攻擊和防禦的能力，而後迅速一招制敵。

主動控制，是在實戰中經由與敵方相接觸點與面來察覺對方力量的輕重、快慢、去向等，隨即控勁制力，使其背勢瘸節。控制法有手控、肘控、腳控、膝控、體控等，以手控為主，即用爪鎖扣、用掌封閉，易於操縱。

控制並不是實施擒拿，而是以沾、粘、隨、連、順、跟等為原則，不死控，不強制。類似自然界中的猛獸搏鬥原

理，老虎、豹等捕捉獵物時，用雙爪配合身體撲擊，首先將其撲倒或用爪抓拿其某部，使其喪失保護和反抗的能力，然後再用口吞食之。

控制對方，即控制對方的勁節和椿身，遲滯敵方勁力，制約敵人整體，阻礙敵方腳步，以勁節為主，控制的勁節多為敵方手臂，「手是兩扇門」，手臂是防禦的重要肢節，靈活多變，手臂倘一被控，則處處挨打。

控制要快，要準確。控制完成，既要閃電打擊，二者不得有任何間斷。倘有間斷或控制沒有在瞬間成功完成，即成「斷手」，丟離與對方相接觸的點與面，就難以實施控戰戰術。

整個控戰，先要靜滯或動控，後施打擊，似乎有些纏綿，這正是控戰的特質所在，靜在於控制，只要控制成功，箝制了敵人的所有攻擊武器，破壞了敵人的技擊優勢，俗諺曰：「牛兒掉進井裡，有力使不出」，控戰中稱作「制其本，閉其根，破其勢」，能「以慢制快，以柔制剛，以弱制強」。

七、走戰

所謂走戰，即利用步法，游擊作戰。

用於臨敵，若我功勁較差，耐力不足，為減少消耗，則避敵強門，主動走其邊門，實施邊門打擊，因敵向側體不便發勁，我省力安全。若敵防範森嚴，正門打不進去，則走其偏門後方，積極造成敵背我順之勢，最易得手。若敵功勁凶猛，難以抵擋，則在走動中，配合手法，卸敵勁力（圓形卸力、橫向卸力等），使敵強大勁力在走動中漸漸減弱或消

失，隨即反擊。若實在打不過，則「三十六計走為上策」，一走了之，再作計議。或直接走動，亂敵心神，尋其破綻，耗敵體力。或主動走動，爭奪空間，占據要位。

走動時，多以繞肢交叉連環步，配合跳步、拖拉步。或走規則步，如：走圓；或不規則，因勢活步。走動時心存警意，防止有變，門戶要緊閉。步法要靈活，目的明確，尋找機會，一有戰機，即閃電實施傷殺。

八、閃戰

所謂閃戰，即利用身法，避打反打。

利用身法（一般不走步），或腰身後仰、前仰、側扭，或頸節搖擺、腦袋晃動，或動被擊部位，閃開敵招，然後再反打。主要戰例：閃上擊下（如敵打我上門，我則向下低頭、彎腰、前吞身，閃開，同時用手打敵襠部；或後仰身，同時用腿打敵襠部、腹部）。閃下擊上（敵打我下陰，我則彎腰吞身，讓敵擊空，隨即用手打敵鼻梁、咽喉等。敵踢我下盤，我則跳起，即用單飛腳擊敵上門、中門要害）。

閃左打右、閃右打左（敵打我肋，我則稍擰腰、側身，同時出招實施打擊等）。

閃戰在拳譜中稱作「不招不架，只是一下」，省力省時，高效實用。敵招無從著力，則變為虛，此時攻打，以實擊虛，必能得手。

技擊中戰術的運用應針對對方的變化而變化，不能以固定的戰術應對，要多樣化。

實施戰術必須把握好戰機。所謂戰機，就是出手打擊對方的時機，其中包括適當的打擊距離、可擊的要害部位、敵

來不及防禦的時間差。要製造戰機，尋找戰機，某一時間，機會僅僅只有一次，一有戰機，立即攻擊。

戰機隨敵我打鬥變化而出現，多種多樣。從姿勢上講，敵背勢我順勢，或敵失勢我得勢，是可打之機。從招式上講，敵將出未出，或打出擊空，還未變手，或收手中間，是可打之機。從勁力上講，舊力略過，新力未發，是可打之機。從重心上講，敵樁步失衡或樁步太大不便運動或單樁獨立不易發力不易變化，是可打之機。從心意上講，敵心意不靜，注意力分散（不經心防禦或被迷惑引誘），是可打之機。從呼吸上講，敵吸氣時或欲吸氣時，是可打之機，等等。把握戰機，靠眼觀，靠心感，靠體認，靠常練。

在交手中，也難免絕對不出貽誤戰機的差錯，甚或因而有被反擊的可能，尤其是缺乏實戰經驗的新手，出現這類差錯的機會可能更多。因此，要鍛鍊適時補漏，再尋戰機的能力，在變化萬千的實戰中，對任何微小的有利時機或漏空，都必須立即攻擊或變招補空，不得稍有遲疑。

第三章　秘傳拳法

第一節　雜式拳

雜式拳即散手拳法，都是由實用的散招組成，以一形兩動或一形三動為主，練習各種打擊的分類和連環使用方法，為攻防結合的技擊形式。

一、蹬跺連環腿

1.左開門式（圖3-1）。

圖 3-1

2.左腿向前拖進一步，同時帶動右腿，向前正向蹬擊而出，腳腕勾起，腳尖向上。雙手隨動，眼看前方（圖3-2）。

3.連動不停，右腿落地，左腳即出，向前踩擊，腳腕勾起，腳掌平臥，腳尖右斜。身向右轉，雙手隨動，眼看前方（圖3-3）。

圖 3-2

二、蹬掃連環腿

1.左開門式。

2.左腿拖進，同時帶動右腿向前正向蹬擊而出，腳腕勾起，腳尖向上。雙手協動，眼看前方（圖3-4）。

3.連動不停，右腿向前落地，隨即提起左腿從左向右或從下向上掃擊而出，腳掌立起，腳尖斜上。擰腰旋身，雙手隨動，眼看前方

圖 3-3

圖 3-4　　　　　　　　圖 3-5

（圖 3-5）。

三、蹬踢連環腿

1. 左開門式。

2. 左腿拖進，同時帶動右腿向前正向蹬擊而出，腳腕勾起，腳尖向上。雙手隨動，眼看前方（圖 3-6）。

3. 右腿落地，左腳即出，仍出蹬擊，連動不停。雙手隨動，眼看前方（圖 3-7）。

圖 3-6

圖 3-7　　　　　　　　　　　　圖 3-8

四、掃踢連環腿

1.左開門式。

2.左腿向前拖進一步，同時帶動右腿向前或向上掃擊而出，腳掌立起，腳尖斜上。旋身直腿，雙手隨動，眼看前方（圖3-8）。

3.右腿落地，左腳掃出，腳法不變，連動不停。雙手協同，眼看前方（圖3-9）。

五、掃跺連環腿

1.左開門式。

2.左腿向前拖進一步，同時帶動右腿掃擊而出，腳掌立起，腳尖斜上。旋身直腿，雙手隨動，眼看前方（圖3-

圖3-9　　　　　　　　　　圖3-10

10）。

　　3.連動不停，右腿落地，左腳即出，向前跺擊，腳腕勾起，腳掌平臥，腳尖右斜。身向右轉，雙手隨動，眼看前方（圖3-11）。

六、跺蹬連環腿

　　1.左開門式。

　　2.左腿向前拖進一步，同時帶動右腿向前跺擊而出，腳腕勾起，腳尖

圖3-11

圖 3-12　　　　　　　　　　　　圖 3-13

左斜。擰腰側身，雙手協動，眼看前方（圖 3-12）。

3.連動不停，右腿落地後，隨即提起左腿向前正向蹬出，腳腕勾起，腳尖向上。雙手協動，眼看前方（圖 3-13）。

七、跺掃連環腿

1.左開門式。

2.左腿向前拖進一步，同時帶動右腿向前跺擊而出，腳腕勾起，腳尖左斜。擰腰側身，雙手協動，眼看前方（圖 3-14）。

3.連動不停，左腳提起，向右前旋掃而出，腳跟向外，腳掌、腕立起斜臥。餘節協動，眼看前方（圖 3-15）。

圖 3-14　　　　　　　　　　圖 3-15

八、連環跺子腳

1. 左開門式。

2. 左腿向前拖步，
同時帶動右腿向前跺擊
而出，腳腕勾起，腳尖
左斜。撐腰側身，雙手
協動，眼看前方（圖
3-16）。

3. 右腿落地，左腳
跺出，腳法不變，連動
不停。雙手協同，眼看
前方（圖3-17）。

圖 3-16

圖 3-17　　　　　　　圖 3-18

九、飛踩連環腿

1. 左開門式。

2. 雙腿向前墊步跳起，同時左腳向前踩擊而出。空中身姿右側。腳腕勾起，腳尖右斜。雙手協動，眼看前方（圖3-18）。

3. 雙腿落地，復又跳起，向左擰身，轉腰提腿，右腳踩擊復出（圖3-19）。

十、雙推連環掌

1. 左開門式。

2. 左腿向前拖進一步，右腿隨後拉跟，同時雙掌向前直推而出，掌腕立起，掌指向上，掌心向前，高在胸位。兩腿彎膝，重心在前，探背傾身，成前側騎乘椿。眼看前方（圖

圖 3-19　　　　　　　圖 3-20

3-20）。

　3.連動不停，繼續拖拉
進步，雙掌一收即推。掌法
不變，身體方向不變，樁形
不變。眼看前方（圖 3-
21）。

十一、劈掏連環捶

　1.左開門式。

　2.左腿向前拖進一步，
右腿拉跟蹬直成弓箭樁，同
時右捶向前、向下劈擊而
出，位高同耳，五指緊握，

圖 3-21

圖 3-22 圖 3-23

拳心在裡，虎口在上，肘節適屈。左手隨動，眼看前上（圖3-22）。

3.連動不停，向右擰腰，左手向上、向前掏擊而出，五指緊握，拳心向上，虎口在左，肘節適屈，兩腿變成側騎乘椿。眼看前方（圖3-23）。

十二、劈圈連環捶

1.左開門式。

2.兩腿拖進並成弓箭椿，同時右捶向前劈擊而出，位高同耳，拳心在裡，虎口在上。左手隨動，眼看前上（圖3-24）。

3.連動不停，向右擰腰，左手由左向右圈擊而出，高在頭位，五指握緊，拳心在裡，虎口在上，肘節適屈，兩腿成

圖 3-24

圖 3-25

側騎乘樁。眼看前上（圖 3-25）。

十三、劈炮連環捶

1. 左開門式。

2. 兩腿拖拉進步，成弓箭樁，同時右捶向前劈出，位高同耳，拳心在裡，虎口在上。眼看前上（圖 3-26）。

3. 連動不停，左手向前打出炮捶，旋臂擰腰，五指緊握，拳心向下，虎口在右，兩腿成側騎乘樁。眼看前方（圖

圖 3-26

圖 3-27　　　　　　　　　　　　圖 3-28

3-27）。

十四、掏圈連環捶

1.左開門式。

2.左腿向前拖進一步，右腿拉跟蹬直成弓箭椿，同時右捶向前、向上掏擊而出，五指緊握，拳心向上，虎口在右，肘節適屈。眼看前方（圖 3-28）。

3.連動不停，左手向右圈捶而出，高在頭位，拳心在裡，虎口在上，兩腿變成側騎乘椿。眼看前上（圖 3-29）。

圖 3-29 圖 3-30

十五、掏炮連環捶

1. 左開門式。

2. 左腿拖進，右腿拉跟，落成弓箭椿，同時右捶向前、向上掏擊而出，拳心向上，虎口在右。眼看前方（圖3-30）。

3. 連動不停，左手向前接打炮捶，拳心向下，虎口向右，兩腿成側騎乘椿。眼看前方（圖3-31）。

圖 3-31

圖 3-32　　　　　　　　　　　圖 3-33

十六、掏打連環捶

1. 左開門式。

2. 兩腿拖進，成弓箭樁，同時右捶向前、向上掏擊而出，拳心向上，虎口在右，肘節適屈。眼看前方（圖 3-32）。

3. 左拳復出掏捶，兩腿成騎乘樁，捶形不變，連動不停。右手協同，眼看前方（圖 3-33）。

十七、圈打連環捶

1. 左開門式。

2. 左腿向前拖進一步，右腿拉跟，蹬成弓箭樁，同時右捶從右向左圈擊而出，擰腰轉背，高在耳位，肘節適屈，拳

圖 3-34

圖 3-35

心在裡，虎口在上。眼看前上
（圖 3-34）。

　　3.左拳復出圈捶，兩腿變
成騎乘樁，捶法不變，連動不
停。眼看前上（圖 3-35）。

十八、圈掏連環捶

　　1.左開門式。

　　2.兩腿拖拉進步，成弓箭
樁，同時右手圈捶而出，高在
耳位，拳心在裡，虎口在上。
眼看前上（圖 3-36）。

　　3.連動不停，向右擰腰，

圖 3-36

圖 3-37　　　　　　　　圖 3-38

左手向上、向前掏擊而出，五指緊握，拳心向上，虎口在左，肘節適屈，兩腿成側騎乘樁。眼看前方（圖 3-37）。

十九、圈炮連環捶

1. 左開門式。

2. 左腿向前進拖拉步，右腿拉跟蹬直成弓箭樁，同時右捶向前、向左圈擊而出，高在耳位，拳心在裡，虎口在上。眼看前上（圖 3-38）。

3. 連動不停，左手向前打出炮捶，旋臂撐腰，拳心向下，虎口在右，兩腿成側騎乘樁。眼看前方（圖 3-39）。

圖 3-39　　　　　　　　　　圖 3-40

二十、炮打連環捶

1. 左開門式。

2. 兩腿拖拉進步，成弓
箭椿，同時右捶向前直炮而
出，五指握緊，拳心在下，
虎口向左。眼看前方（圖
3-40）。

3. 左拳復出炮捶，兩腿
成側騎乘椿，拳形不變，連
動不停，眼看前方（圖3-
41）。

圖 3-41

第三章　秘傳拳法

圖 3-42　　　　　　　　　　　　圖 3-43

二十一、栽圈連環捶

1. 左開門式。

2. 左腿向前拖進一步，右腿拉跟，成弓箭樁。右拳向前、向下栽擊而出，向左擰腰，向裡旋臂，五指緊握，拳心向下，位在心門。眼看前中（圖 3-42）。

3. 連動不停，向右擰腰，左手由左向右圈擊而出，高在頭位，拳心在裡，虎口在上，兩腿成側騎乘樁，眼看前上（圖 4-43）。

二十二、炮掏連環捶

1. 左開門式。

2. 兩腿向前拖拉進步，成弓箭樁式，同時右捶向前炮擊

圖 3-44　　　　　　　　　圖 3-45

而出，拳心在下，虎口向左。眼看
前方（圖 3-44）。

　3.連動不停，左拳向上、向前
掏擊而出，拳心在上，虎口在左，
兩腿變成側騎乘樁。眼看前方（圖
3-45）。

二十三、拐打連環肘

　1.左開門式。

　2.左腿向前拖進一步，右腿拉
跟，成弓箭樁。同時左肘向前、向
裡拐擊而出，位高在頭，肘節全
屈。眼看前上（圖 3-46）。

圖 3-46

圖 3-47

圖 3-48

3. 連步不停，右腿向前過步，越過左腿前進一步，變成弓箭樁，身形隨之右轉，同時右肘拐打而出，位高在頭。眼看前上（圖 3-47）。

二十四、頂膝連環打

1. 左開門式。

2. 左腿向前拖進一步，帶動右膝向前、向上頂擊而出，眼看前下（圖 3-48）。

3. 連動不停，右腿落地，左膝復出，眼看前下（圖 3-49）。

圖 3-49 圖 3-50

二十五、肘膝連環打

1. 左開門式。

2. 左腿拖進，帶動右膝向前、向上頂擊而出，眼看前下
（圖 3-48）。

3. 連動不停，向左擰腰，右肘向前、向上拐打而出。眼
看前上（圖 3-47）。

二十六、單箭連環捶

1. 左開門式。

2. 左腿向前拖進一步，右腿緊跟，拉成丁字椿，同時左
手向前、向上箭捶而出，高在臉位，拳心在裡，拳眼在上，
直臂探背，重心前移，右手提起，眼看前上（圖 3-50）。

圖 3-51   圖 3-52

3.連動不停，繼續向前拖拉進步，左捶一收即再發箭捶，要領同前動相同（圖 3-51）。

二十七、雙箭連環捶

1.左開門式。

2.兩腿拖進，成丁字樁定式，同時左捶向前上箭擊而出，高在臉位，拳心在裡，拳眼在上，直臂探背，重心前移，眼看前上（圖 3-52）。

3.右手復出箭捶，捶法不變，樁形不變，身向不變，連動不停，眼看前上（圖 3-53）。

二十八、箭砸連環捶

1.左開門式。

圖 3-53

圖 3-54

2.兩腿拖進，成丁字椿，同時左捶向前上箭擊而出，高在臉位，拳心在裡，拳眼在上，直臂探背，重心前移，眼看前上（圖3-54）。

3.連動不停，左手一打即收，一收即發，變砸捶而出，拳心在裡，骨棱在前，同時左腿向前拖進，右腿拉跟，椿形不變，眼看前上（圖3-55）。

二十九、單砸連環捶

1.左開門式。

圖 3-55

圖 3-56　　　　　　　　　　　　圖 3-57

2. 左腿向前拖進一步，右腿緊跟，拉成丁字樁，同時左拳向前、向上砸擊而出，拳心在裡，骨棱在前，膝節適屈，上體上傾，眼看前上（圖 3-56）。

3. 連動不停，左捶一收再發砸捶，兩腿繼續向前拖拉進步，餘同前動（圖 3-57）。

三十、砸箭連環捶

1. 左開門式。

2. 兩腿拖拉進步，成丁字樁，同時左拳向前、向上砸擊而出，拳心在裡，骨棱在前，膝節適屈，上體前傾，眼看前上（圖 3-58）。

3. 連動不停，左捶一收即變發箭捶，向上、向前，傾身直臂，拳心在右，拳眼在上，兩腿繼續向前拖拉進步，樁形

圖 3-58 圖 3-59

不變，眼看前上（圖 3-59）。

三十一、跳躍飛崩捶

1. 左開門式。

2. 右腿向前一步，越過左腿，然後左腿再越過右腿，交叉墊步兩次，左腿落地後，右腿腳尖蹬起，成丁字樁，同時右拳向前直直崩出，拳心在左，拳眼在上，眼看前方（圖 3-60、61）。

三十二、單彈翻飛腳

1. 左開門式。

2. 左腿向前、向下彈擊而出，腳面繃直，腳尖向前，腳面向上，兩手協動，眼看前下（圖 3-62）。

圖 3-60　　　　　　　　　　　圖 3-61

3. 一彈即收，一收即再向上彈出，同時向右斜身，腳尖向前，而腳掌側置，腳面向前。雙手協動，眼看前上（圖3-63）。

三十三、箭彈二起腳

1. 左開門式。

2. 左腿向前、向下彈擊而出，腳面繃直，腳尖向前，腳面向上，兩手協動，眼看前下（圖3-64）。

3. 連動不停，乘左腿回收下落之勢，右腿向上跳起，並向前彈擊而出，腳尖向前，腳面向上，腰身協同，雙手協動，眼看前上（圖3-65）。

圖 3-62　　　　　　　　圖 3-63

圖 3-64　　　　　　　　圖 3-65

圖 3-66　　　　　　　　　　圖 3-67

三十四、箭彈單飛腳

1. 左開門式。

2. 雙腿向前、向上同時起跳，並在空中右腿彈擊而出，腳尖向前，腳面向上，腰身協動，眼看前方（圖 3-66、67）。

三十五、抓髮貫耳捶

1. 左開門式。

2. 左腿向前拖進一步，左爪向前上位抓出，高與頭齊，肘節稍屈，爪心向下，虎口在裡。右手捶形置於胸側，拳心向上。重心前移，上體前探。左腿彎曲，後腳跟抬起，成高後丁字樁。眼看前上（圖 3-68）。

圖 3-68

圖 3-69

3. 連動不停，左爪隨即向下、向後拉捋，五指緊握，沉臂屈肘，位高在胸。重心後移，身形下沉，兩腿成側騎乘樁。眼看前中（圖 3-69）。

4. 連動不停，右捶從右向左、由外向裡打出圈捶，拳眼在上，拳心在裡，高同左爪。腰向左轉，成左弓箭樁。左爪回收，眼看前中（圖 3-70）。

圖 3-70

圖 3-71　　　　　　　　　　　　圖 3-72

三十六、抓髮開花捶

1. 左開門式。

2. 左腿向前拖進一步，左爪向前上位抓出，高與頭齊，肘節稍屈，爪心向下，虎口在裡。右手捶形置於胸側。重心前移，上體前探。兩腿成高後丁字樁。眼看前上（圖3-71）。

3. 連動不停，左爪隨即向下、向後拉捋，五指緊握，位高在胸。重心後移，身形下沉，兩腿成側騎乘樁。眼看前中（圖3-72）。

4. 連動不停，右捶從下向上掏捶而出，拳面在上，拳心在裡，位高同臉。兩腿成單跪拜樁，身形下沉。左爪回收，眼看前中（圖3-73）。

圖 3-73

圖 3-74

三十七、抓髮開門捶

1. 左開門式。

2. 左腿向前拖進一步，左爪向前上位抓出，高與頭齊，爪心向下。兩腿成高後丁字樁，重心前移，上體前探。眼看前上（圖3-74）。

3. 連動不停，左爪隨即向下、向後拉拃，位高同胸。兩腿成側騎乘樁，重心後移，身形下沉。眼看前中（圖3-75）。

圖 3-75

圖 3-76　　　　　　　　　　　圖 3-77

4. 連動不停，右捶向前翻背砸拳，拳心在裡，肘節適屈。腰向左轉，右膝下沉，成跪拜樁式。左爪回收，眼看右捶（圖 3-76）。

三十八、抓髮崩面捶

1. 左開門式。

2. 進左步，左爪從外向裡向前抓出，高與頭齊，爪心在裡，虎口在上。右手捶形置於胸側，拳心向裡。兩腿成側騎乘樁。眼看前上（圖 3-77）。

3. 左爪隨即向裡回抓，肘節圓摟，大幅屈臂夾合，高平於肩，腰向右轉，重心後移，樁形不變。眼看前中（圖 3-78）。

4. 連動不停，右捶向左臂上崩出，拳眼在上，拳心在

圖 3-78　　　　　　　　　圖 3-79

裡。向左擰腰，重心前移，樁
形不變。眼看前中（圖 3-
79）。

三十九、抓髮天拐肘

1.左開門式。

2.左腿向前拖進一步，左
爪向前上位抓出，高與頭齊，
爪心向下。重心前移，上體前
探。兩腿成高後丁字樁。眼看
前上（圖 3-80）。

3.連動不停，左爪隨即向
下、向後拉抒，位高同胸，五

圖 3-80

圖 3-81　　　　　　　　　圖 3-82

指緊握。重心後移，身形下沉，兩腿成側騎乘樁。眼看前中
（圖 3-81）。

　　4.連動不停，右肘向裡拐擊，高同左爪位。同時左爪收
回。腰向左擰，右膝下沉，腳跟抬起，成跪拜樁。眼看前中
（圖 3-82）。

四十、抓髮高吊膝

　　1.左開門式。

　　2.左腿向前拖進一步，左爪向前上位抓出，高與頭齊，
爪心向下，虎口在裡。重心前移，上體前探。兩腿成高後丁
字樁，眼看前上（圖 3-83）。

　　3.連動不停，右爪向左爪側抓擊而出，虎口在內，爪心
在下，當抓至左爪位時，即與左爪一起下撲抓擄，上體大幅

圖 3-83

圖 3-84

下沉，前膝微屈前頂，後膝下
沉，成跪拜樁。眼看前中（圖
3-84）。

4.連動不停，右膝向前、
向上提膝頂出，位高在心。雙
爪回收，左膝穩支，眼看前中
（圖 3-85）。

四十一、摟頭裂斷膝

1.左開門式。

2.進一小步，左爪從左向
右、向前抓出，高與頭齊，兩
腿成後丁字樁。眼看前上（圖

圖 3-85

圖 3-86　　　　　　　　　　　圖 3-87

3-86）。

　　3. 連動不停，右爪同時從右向左、向前抓出，抓向左爪，與左爪成雙爪相扣之形。然後向下、向後抓摟回收，上體前傾。樁步下沉，成跪拜式。眼看前中（圖 3-87）。

　　4. 連動不停，左腿向前、向上提膝頂出，位高同肋，雙爪回收。腰向右擰，上體稍仰。眼看前中（圖 3-88）。

四十二、鎖喉撲面捶

　　1. 左開門式。

　　2. 左腿向前進步，同時左爪向前抓鎖而出，位高同頸，爪心在前，虎口在上，肘節稍屈。右手捶形置於胸中。兩腿成後高丁字樁，重心稍前。眼看前上（圖 3-89）。

圖 3-88

圖 3-89

3. 連動不停，右
手捶出，上位崩打，
拳心在裡，拳眼在
上。左爪回收，重心
繼續前移，樁步不
變，眼看前上（圖
3-90）。

圖 3-90

圖 3-91   圖 3-92

四十三、抓胸栽臉捶

1.左開門式。

2.左爪向前抓鎖而出，位高同胸，爪心在前，虎口在上，肘節稍屈。兩腿成後高丁字樁，重心稍前。眼看前方（圖 3-91）。

3.連動不停，右捶向前下栽打而出，位超左爪。五指緊握，拳心在下。擰腰旋臂，重心前移，樁式提升，成後左弓箭樁。左爪回收，眼看前上（圖 3-92）。

圖 3-93　　　　　　　　圖 3-94

四十四、抓襠崩面捶

1. 左開門式

2. 左爪向前抓鎖而出，位高同襠，爪心在前，虎口在外。兩腿成後丁字樁。眼看前下（圖 3-93）。

3. 連動不停，右手捶出，上位崩打，拳心在裡，拳眼在上。重心繼續前移，樁形不變，眼看前上（圖 3-94）。

圖 3-95   圖 3-96

四十五、抱腰殺襠膝

1.左開門式

2.向前進步，同時雙爪向前下撲抓而出，動似弧形，由外向裡。動至身前，雙爪相扣。重心在前，兩腿成跪拜樁。眼看前中（圖3-95）。

3.連動不停，右膝向前提膝頂起，位高同襠。雙爪同時回摟。腰向左擰，上體稍仰。眼看前中（圖3-96）。

四十六、抓肩頂心膝

1.左開門式。

2.雙爪同時向前、向下抓擊而出，位高平肩，爪心在下，虎口皆向裡。兩腿成後丁字樁。眼看前方（圖3-

圖 3-97　　　　　　　　圖 3-98

97）。

　　3. 連動不停，然後雙爪
向後同時拉壓，雙肘彎曲回
收，重心下沉，傾身探背，
兩腿成高跪拜樁。眼看前上
（圖 3-98）。

　　4. 連動不停，左膝向上
提起頂擊，位高同心。向右
擰身，雙爪回收胸前。眼看
前中（圖 3-99）。

圖 3-99

圖 3-100　　　　　　　　　圖 3-101

四十七、抓踢撩陰腳

1.左開門式。

2.左手向前、向上托爪而出，爪心向上，虎口在外。重心後移，兩腿成側騎乘椿，眼看前方（圖3-100）。

3.連動不停，左腳原地起腳撩擊而出，腳尖向前，腳腕勾起，膝節適屈，位高同襠。托爪稍收，眼看前下（圖3-101）。

四十八、抓踢截膝腳

1.左開門式。

2.左手向前、向上托爪而出，爪心向上，虎口在外。重心後移，兩腿成側騎乘椿，眼看前方（圖3-102）。

圖 3-102

圖 3-103

3.連動不停，左腳提起
向前下蹬擊而出，腳腕勾
起，腳尖向上，位高同膝。
托爪回收，眼看前下（圖
3-103）。

四十九、抓踢偷陰腳

1.左開門式。

2.左手向前、向上托爪
而出，爪心向上，虎口在
外。重心後移，兩腿成側騎
乘樁，眼看前方（圖3-
104）。

圖 3-104

圖 3-105

圖 3-106

3.連動不停，右腳向前彈擊而出，位高同襠，腳尖向
前，腳面繃直。托爪回收，眼看前下（圖3-105）。

五十、抓踢倒椿腳

1.左開門式。

2.左爪向前上托擊而出，爪心向上，虎口在左。重心後
移，兩腿成側騎乘椿，眼向前看（圖3-106）。

3.連動不停，右腳向前中正蹬而出，腳腕勾起，腳尖向
上。托爪收回，眼隨腳動（圖3-107）。

圖 3-107　　　　　　　　圖 3-108

五十一、抓踢斷膝腳

1. 左開門式。

2. 左爪向前、向下、向外
勾抓而出，掌心向上，手臂翻
轉，手腕反屈。兩腿成側騎乘
樁，重心後移。眼看前方（圖
3-108）。

3. 連動不停，左腿提起向
前下跺擊而出，位高同膝，腳
掌平臥，腳尖內斜向右。眼看
前下（圖3-109）。

圖 3-109

圖 3-110　　　　　　圖 3-111

五十二、抓踢雙推掌

1.左開門式。

2.左爪向前、向上托抓而出，爪心向上，虎口在右。重心後移，兩腿成側騎乘樁。眼向前看（圖3-110）。

3.連動不停，左腿向前小步拖進，右腿蹬直成弓箭樁，同時雙掌翻腕，向前推擊而出，掌心向前，掌指立起，高在肩胸。眼看前方（圖3-111）。

五十三、抓臂裂斷膝

1.左開門式。

2.兩腿向前拖拉進步，同時左爪撲抓而出，爪心向下，虎口在裡，兩腿成騎乘樁，重心在前。眼看前方（圖3-

圖 3-112　　　　　　　　圖 3-113

112）。

　　3. 連動不停，右膝提起向前頂擊而出，位高同肋，身向左擰，上身斜仰。雙爪回收，眼看前中（圖 3-113）。

五十四、抓臂迎門肘

　　1. 左開門式。

　　2. 兩腿向前拖拉進步，同時左爪撲抓而出，爪心向下，虎口在裡，兩腿成騎乘椿，重心在前。眼看前方（圖 3-114）。

圖 3-114

圖 3-115　　　　　　　　圖 3-116

　　3.連動不停，右腿向前交叉進步，越過左腿落成正騎乘椿，身向右轉，同時右肘向前搗擊而出，位高同耳。眼看前上（圖 3-115）。

五十五、抓腕仰面跌

　　1.左開門式。

　　2.左爪向前撲抓而出，爪心向下，虎口在裡，兩腿成騎乘椿，重心在前。眼看前方（圖 3-116）。

　　3.連動不停，右腿向前下掃踢而出，接近地面，腳尖勾起，向右斜臥，同時右捶向前上砸擊而出，高在頭位，五指緊握，拳心在裡，虎口在上。左爪回拉，眼看前方（圖 3-117）。

圖 3-117   圖 3-118

五十六、抓腕撩陰腳

1. 左開門式。

2. 左腳向前拖進一步，右
腿同時跟進，成高跪拜椿，同
時雙爪向前、向下撲抓而出，
掌心皆向下，虎口皆在裡。眼
看前中（圖 3-118）。

3. 連動不停，右腿提起向
前撩擊而出，膝節適屈，腳尖
向前，腳腕勾起，位高同襠。
雙爪同時回拉裡收，眼看前下
（圖 3-119）。

圖 3-119

圖 3-120

圖 3-121

五十七、撲腕天拐肘

1.左開門式。

2.左腳前拖，右腿跟進成高跪拜椿，同時雙爪向前、向下撲抓而出，掌心皆向下，虎口皆在裡。眼看前中（圖3-120）。

3.連動不停，右肘向前、向右拐擊而出，肘節全屈，位高同耳。向左擰腰，兩腿成弓箭椿。雙爪回收，眼看前上（圖3-121）。

圖 3-122   圖 3-123

五十八、撲腕矢門頭

1. 左開門式

2. 左腳前拖，右腿跟進，成高跪拜椿，同時雙爪向前、向下撲抓而出，掌心皆向下，虎口皆在裡。眼看前中（圖3-122）。

3. 連動不停，用頭向前沖擊而出，位高同面，同時雙爪下沉回拉，兩腿成弓箭椿（圖3-123）。

五十九、抓腕揭蓋腳

1. 左開門式。

2. 兩腿向前拖拉進步，同時左爪撲抓而出，爪心向下，虎口在裡，兩腿成騎乘椿，重心在前，眼看前方（圖3-

圖 3-124   圖 3-125

124）。

3. 連動不停，右腳向前下鑱擊而出，腳形扭轉，腳掌向左斜，腳腕勾起，位高同膝。同時左爪回拉裡收，眼看前下（圖 3-125）。

六十、抓腕挑板腳

1. 左開門式。

2. 兩腿向前拖拉進步，同時左爪撲抓而出，爪心向下，虎口在裡，兩腿成騎乘椿，重心在前，眼看前方（圖 3-126）。

3. 連動不停，右腿提起向前撩擊而出，膝節適屈，腳尖向前，腳腕勾起，位高同肋。左爪同時回收拉帶，眼看前中（圖 3-127）。

圖 3-126　　　　　　　　圖 3-127

六十一、抓腕斜山腳

1. 左開門式。

2. 兩腿向前拖拉進步，同
時左爪向前抓纏而出，肘節適
屈。重心在前，步成騎乘椿。
眼看前方（圖 3-128）。

3. 連動不停，右腿向前跺
擊而出，腰向左擰，位高同
肋，腳掌斜臥，腳尖左斜。眼
看前中（圖 3-129）。

圖 3-128

圖 3-129　　　　　　　　圖 3-130

六十二、抓腕偷陰腳

1.左開門式。

2.兩腿向前拖拉進步，同時左爪撲抓而出，爪心向下，虎口在裡，兩腿成騎乘樁，重心在前，眼向前看（圖 3-130）。

3.連動不停，左腳提起向前彈踢而出，腳尖向前，腳面繃直，位高同襠。左爪回拉，眼看前下（圖 3-131）。

六十三、抓腕栽頭捶

1.左開門式。

2.兩腿向前拖拉進步，同時左爪向前撲抓而出，爪心向下，虎口在裡，兩腿成騎乘樁，重心在前，眼向前看（圖

圖 3-131

圖 3-132

3-132）。

3.連動不停，右捶向前下栽打而出，位高同面，五指緊握，拳心在下。擰腰旋臂，重心前移，樁步提升，成左弓箭樁。左爪回收，眼看前上（圖3-133）。

六十四、抓腕掏肋捶

1.左開門式。

2.兩腿進步成騎乘樁，重心在前，同時左爪向前抓擊而出，爪心向下，虎口在裡。眼

圖 3-133

圖 3-134　　　　　　　　　圖 3-135

看前方（圖3-134）。

　　3.連動不停，右捶從下向上掏擊而出，拳面在下，拳心在上，位高同肋，兩腿成單跪拜樁，身形左轉。左爪回收，眼看前中（圖3-135）。

六十五、抓腕貫耳捶

　　1.左開門式。

　　2.兩腿向前拖拉進步，同時左爪向前抓纏而出，肘節適屈。重心在前，步成騎乘樁。眼看前方（圖3-136）。

　　3.連動不停，右捶從右向左、由外向裡打出圈捶，拳眼在上，拳心在裡，位高同耳。腰向左轉，成左弓箭樁。左爪回收，眼看前上（圖3-137）。

圖 3-136　　　　　　　圖 3-137

六十六、架格掏心捶

1. 左開門式。

2. 左前臂向上架起，肘節適屈，高與頭齊，手為捶形，腕節裡擰，手心向外，同時右腿向後移動，退成側騎乘椿，重心在後。眼看前上（圖 3-138）。

3. 連動不停，右捶從右側向前、向上掏擊而出，拳心在裡，拳眼在外，位高同心，腰節左擰，重心前移，兩腿成左

圖 3-138

圖 3-139　　　　　　　　　　圖 3-140

跪拜樁。眼看前中（圖 3-
139）。

六十七、單格砸心捶

1.左開門式。

2.左前臂向上架起，肘節
適屈，高與頭齊，腕節裡擰，
手心向外，手為捶形，同時右
腿小退一步，重心向後移動，
成側騎乘樁。眼看前上（圖
3-140）。

3.連動不停，左前臂下落
伸開，並向外翻轉，左捶砸擊

圖 3-141

圖 3-142　　　　　　　　　圖 3-143

而出，位高同心，拳心向裡，拳眼在上，五指緊握。同時重
心前移，上體前探，右腿蹬直成弓箭樁。眼看前中（圖 3-
141）。

六十八、架格偷襠捶

1. 左開門式。

2. 左前臂向上架起，肘節適屈，高與頭齊，手形為捶，
腕節裡擰，手心向外，同時右腿小退一步，成側騎乘樁，重
心後坐。眼看前上（圖 3-142）。

3. 連動不停，右捶從右側向上、向前掏擊而出，位高同
襠。拳心向裡，拳眼在外，腰節左擰，重心前移，兩腿成左
跪拜樁。眼看前下（圖 3-143）。

圖 3-144　　　　　　　　圖 3-145

六十九、架格掏肋捶

1.左開門式。

2.左前臂向上架起，肘節適屈，高與頭齊，手為捶形，腕節裡擰，手心向外。同時右腿小退一步，成側騎乘椿，重心後坐。眼看前上（圖 3-144）。

3.連動不停，右捶從右側向前、向上掏擊而出，位高同肋。拳心向裡，拳眼在外，腰節左擰，重心前移，兩腿成左跪拜椿。眼看前中（圖 3-145）。

七十、單架碎陰捶

1.左開門式。

2.左前臂向上架起，肘節適屈，高與頭齊。手形為捶，

圖 3-146　　　　圖 3-147

腕節裡擰，手心向外。同時右腿小退一步，成側騎乘椿，重
心後坐。眼看前上（圖 3-146）。

3.連動不停，左前臂下落伸開，向外稍翻，將右捶砸擊
而出，位高同襠，拳心在裡，拳眼在上，五指緊握，同時重
心前移，上體前探，右腿蹬直成弓箭椿。眼看前下（圖 3-
147）。

七十一、架格斷膝腳

1.左開門式。

2.左前臂向上架起高與頭齊，肘節適屈，腕節裡擰，手
為捶形，手心向外，同時右腿小退一步，成側騎乘椿，重心
後坐。眼看前上（圖 3-148）。

圖 3-148　　　　　　　　圖 3-149

　　3. 提起左腿向前下跺擊而
出，腳掌平臥，腳尖向裡，位
高同膝。腰身同時向右擰轉，
右膝微彎，眼看前下（圖 3-
149）。

七十二、架格斜山腳

　　1. 左開門式。
　　2. 左前臂向上架起，高與
頭齊，肘節適屈，腕節裡擰，
手心向外，同時右腿小退一
步，成側騎乘樁，重心後坐。
眼看前上（圖 3-150）。

圖 3-150

圖 3-151　　　　　　　圖 3-152

3.連動不停，提起左腿向前跺擊而出，腳掌平臥，腳尖內斜，位高同肋，同時右擰腰髖，右轉身形，右膝適屈。眼看前中（圖3-151）。

七十三、架格跺心腳

1.左開門式。

2.左前臂向上架起，高與頭齊，肘節適屈，腕節裡擰，拳心向外，同時右腿小退一步，成側騎乘樁，重心後坐。眼看前上（圖3-152）。

3.連動不停，提起左腿向前跺擊而出，腳掌平臥，腳尖內斜，位高同心；同時右擰腰髖，右轉身形。眼看前中（圖

圖 3–153　　　　　　　　　圖 3–154

3–153）。

七十四、架格截膝腳

1.左開門式。

2.左前臂向上架起，高與頭齊，肘節適屈，腕節裡擰，拳心向外，同時右腿小退一步，成側騎乘椿，重心後坐。眼看前上（圖3–154）。

3.連動不停，提起左腿向前蹬出，位高同膝，腳腕勾起，腳尖向上。彎腰探背，右膝適屈。眼看前下（圖3–155）。

圖 3-155

圖 3-156

七十五、架格蹬心腳

1. 左開門式。

2. 左前臂向上架起，高與頭齊，肘節適屈，腕節裡擰，拳心向外，同時右腿小退一步，成側騎乘樁，重心後坐，眼看前上（圖 3-156）。

3. 連動不停，提起左腿向前蹬出，位高同心，腳腕勾起，腳尖向上。彎腰探背，右膝適屈。眼看前中（圖 3-157）。

圖 3-157

圖 3-158   圖 3-159

七十六、架擋登山腳

1. 左開門式。

2. 左前臂向上架起，高與頭齊，肘節適屈，腕節裡擰，拳心向外，同時右腿小退一步，成側騎乘椿，重心後坐。眼看前上（圖-158）。

3. 連動不停，提起左腿向前蹬出，位高同肋，腳尖向上，腳腕勾起。左手下落，眼看前中（圖3-159）。

七十七、架格撩陰腳

1. 左開門式。

2. 左前臂向上架起，高與頭齊，肘節適屈，腕節裡擰，拳心向外，同時右腿小退一步，成側騎乘椿，重心後坐。眼

圖 3-160

圖 3-161

看前上（圖3-160）。

3.連動不停，提起左腿向前撩擊而出，位高同襠，膝節彎曲，腳腕勾起，腳尖向上。彎腰探背，右膝適屈。眼看前下（圖3-161）。

七十八、架格挑板腳

1.左開門式。

2.左前臂向上架起，高與頭齊，肘節適屈，腕節裡擰，拳心向外，同時右腿小退一步，成側騎乘椿，重心後坐。眼看前上（圖3-162）。

圖 3-162

第三章　秘傳拳法

圖 3-163   圖 3-164

3.連動不停，提起左腿向前撩擊而出，位高同肋，膝節彎曲，腳腕勾起，腳尖向上。眼看前下（圖3-163）。

七十九、架格彈心腳

1.左開門式。

2.左前臂向上架起，高與頭齊，肘節適屈，腕節裡擰，拳心向外，同時右腿小退一步；成側騎乘樁，重心後坐。眼看前上（圖3-164）。

3.連動不停，提起左腿向前彈擊而出，位高同心，腳尖向前，腳面繃直。彎腰探背，右腿伸直。眼看前中（圖3-165）。

圖 3-165　　　　　　　圖 3-166

八十、撥格貫耳捶

1. 左開門式。

2. 左前臂向左外揚起，肘節適屈斜立，手形為捶，腕節裡擰，手心向外，高與耳齊。同時右腿小退一步，成側騎乘樁，重心後坐，眼看前上（圖 3-166）。

3. 連動不停，右捶從右外向左裡圈擊而出，拳心在裡，拳眼在上，位高同耳，五指緊握。同時向左擰腰，後腿蹬直成左弓箭樁。眼看前上（圖 3-167）。

圖 3-167

圖 3-168   圖 3-169

八十一、撥格圈肋捶

1. 左開門式。

2. 左前臂向外揚起，肘節適屈斜立，腕節裡擰，拳心向外，高與耳齊。同時右腿小退一步，成側騎乘椿，重心後坐。眼看前上（圖 3-168）。

3. 連動不停，右捶從右外向左裡圈擊而出，拳心在裡，拳眼在上，位高同肋，同時向左擰腰，後腿蹬直成左弓箭椿。眼看前中（圖 3-169）。

八十二、攔格開門捶

1. 左開門式。

2. 左前臂向右裡橫形擺動，肘節豎直，手形為捶，拳心

圖 3-170

圖 3-171

向裡，高於鼻齊。同時右腿小退一步，成側騎乘樁，重心後坐。眼看前中（圖 3-170）。

3. 連動不停，左前臂向前伸開，將左捶砸擊而出，高在臉位，拳心在裡，五指緊握，同時重心前移，上體前探，右腿蹬直成弓箭樁。眼看前上（圖 3-171）。

八十三、砸格栽面捶

1. 左開門式。

2. 左前臂向下壓砸，肘節橫平，手為捶形，腕節裡擰，手心向外，高在胸前。同時右腿小退一步，成側騎乘樁，重心後坐。眼看前下（圖 3-172）。

3. 連動不停，右捶向前栽擊而出，臂節裡擰，拳心向下，拳眼在裡，五指緊握，高在臉位，同時左轉腰身，重心

第三章 秘傳拳法

圖 3-172　　　　　　　圖 3-173

前移，上體前探，右腿蹬直成弓
箭樁。眼看前上（圖 3-173）。

八十四、砸格崩面捶

　　1.左開門式。

　　2.左前臂向下壓砸，肘節橫
平，腕節裡擰，拳心向外，高在
胸前。同時右腿小退一步，成側
騎乘樁，重心後坐。眼看前下
（圖 3-174）。

　　3.連動不停，右捶向前崩打
而出，高在臉位，五指緊握，拳
心向裡，拳眼在上。同時稍左擰

圖 3-174

圖 3-175

圖 3-176

腰，身形轉正，重心前移，上體前探，右腿蹬直成高弓箭樁。眼看前上（圖 3-175）。

八十五、格踢截膝腳

1. 左開門式。

2. 左小腿向上提起，並向外擺動，膝節適度彎曲，腳面繃緊，腳尖下垂，右腿站直。眼看前下（圖 3-176）。

3. 連動不停，左膝向前伸開，向前下蹬擊而出，高在膝位，腳尖勾起，腳尖向上。沉樁仰身，右腿向下彎曲，眼看前下（圖 3-177）。

圖 3-177　　　　　　　　　　圖 3-178

八十六、格踢落步捶

1.左開門式。

2.左小腿向上提起，並向外擺動，膝節適屈，腳面蹦緊，腳尖下垂。右腿站直，眼看前下（圖3-178）。

3.連動不停，左腿向前順勢下落，重心前移，上體前探，雙腿成左弓箭樁，同時右捶向前上箭擊而出，拳心在裡，拳眼向上。眼看前上（圖3-179）。

圖 3-179

圖 3-180　　　　　　　　圖 3-181

八十七、格踢愉陰腳

1.左開門式。

2.左小腿向上提起，並向外擺動，膝節適屈，腳尖下垂，右腿站直，眼看前下（圖 3-180）。

3.連動不停，左膝向前伸開，向前彈擊而出，高在襠位。腳面繃直，腳尖向前，沉樁仰身，右腿向下適屈。眼看前下（圖 3-181）。

八十八、格踢撩陰腳

1.左開門式。

2.左小腿向上提起，並向外擺動，膝節適屈，腳尖下垂，腳面繃直。右腿站直，眼看前下（圖 3-182）。

3.連動不停，左腳尖向前、向上撩擊而出，膝節適屈，腳腕適度勾屈，高在襠位。沉椿彎腰，後腿站直，眼看前下（圖3-183）。

八十九、格踢斷膝腳

1.左開門式。

2.左小腿向上提起，並向外擺動，膝節適屈，腳尖下垂。右腿站直，眼看前下（圖3-184）。

3.連動不停，左膝向前展開，送左腳向前下跺擊而出，位高同膝，腳掌平臥，腳尖裡斜。同時向右撙腰轉髖，右轉身形。左膝適屈，眼看前下（圖3-185）。

九十、仰身偷陰腳

1.左開門式（圖3-186）。

2.向後仰身，同時左腿向前彈擊而出，位高同襠，腳尖向前，腳面向上，雙手協動，眼看前下（圖3-187、188）。

圖3-182

圖3-183

圖 3-184　　　　　　　　圖 3-185

圖 3-186

圖 3-187

圖 3-188　　　　　　　　　　圖 3-189

九十一、仰身彈心腳

1.左開門式。

2.向後仰身，同時左腿向前彈擊而出，位高同心，腳尖向前，腳面向上，雙手協動，眼看前中（圖 3-189、190）。

九十二、仰身彈簾腳

1.左開門式。

2.向後仰身，同時左腿向前彈擊而出，位高同肋，腳尖向前，腳面向上，眼看前中（圖 3-191、192）。

圖 3-190

圖 3-191

圖 3-192

圖 3-193　　　　　　　　圖 3-194

九十三、仰身撩陰腳

1. 左開門式。

2. 向後仰身，同時左腳向前撩擊而出，位高同襠，膝節適屈，腳尖向前，腳腕勾屈，雙手協動，眼看前下（圖 3-193、194）。

九十四、仰閃挑板腳

1. 左開門式。

2. 向後仰身，同時左腳向前撩擊而出，位高同肋，膝節適屈，腳尖向前，腳腕勾屈，眼看前中（圖 3-195、196）。

圖 3-195

圖 3-196

圖 3-197

九十五、仰身登山腳

1.左開門式。

2.向後仰身，同時左腳向前正蹬而出，位高同肋，腳腕勾起，腳尖向上，雙手協動，眼看前中（圖 3-197、198）。

九十六、仰身截膝腳

1.左開門式。

2.向後仰身，同時左腳向前正蹬而出，位高同膝，腳腕

圖 3-198

圖 3-199　　　　　　　　圖 3-200

勾起，腳尖向上，雙手協動，眼看前下（圖 3-199、200）。

九十七、斜閃斷膝腳

1.左開門式。

2.向右側身，同時左腳向前踩擊而出，位高同膝，腳掌斜臥，腳尖向右，腳腕勾起，雙手協動，眼看前下（圖 3-201、202）。

九十八、側身斜山腳

1.左開門式。

2.向右側身，同時左腳向前踩擊而出，位高同肋，腳掌斜臥，腳尖向右，腳腕勾起，雙手協動，眼看前中（圖 3-203、204）。

圖 3-201

圖 3-202

圖 3-203

圖 3-204

第三章 秘傳拳法

圖 3-205   圖 3-206

九十九、斜身踩心腳

1. 左開門式。

2. 向右側身，同時左腳向前跺擊而出，位高同心，腳掌斜臥，腳尖向右，腳腕勾起，雙手協動，眼看前中（圖 3-205、206）。

一〇〇、斜身偷陰腳

1. 左開門式。

2. 向右斜身，同時左腿向前側彈而出，位高同襠，腳尖向前，腳面向右，腳面繃直，雙手協動，眼看前下（圖 3-207、208）。

圖 3-207　　　　　　　　　　　圖 3-208

一〇一、斜身彈心腳

1. 左開門式。

2. 向右斜身，同時左腿向前側彈而出，位高同心，腳尖向前，腳面向右，腳面繃直，雙手協動，眼看前中（圖 3-209、210）。

一〇二、斜身彈簾腳

1. 左開門式。

2. 向右斜身，同時左腿向前側彈而出，位高同肋，腳尖向前，腳面向右，腳面繃直，雙手協動，眼看前中（圖 3-211、212）。

圖 3-209　　　　　　　　　　　圖 3-210

圖 3-211　　　　　　　　　　圖 3-212

圖 3-213　　　　　　　　圖 3-214

一〇三、斜身揭蓋腳

1. 左開門式。

2. 向右側身，同時左腳向前、向下鏟擊而出，位高同膝，腳腕勾起，腳尖斜向右，腳尖斜向上。雙手協動，眼看前下（圖 3-213、214）。

一〇四、斜身栽心捶

1. 左開門式。

2. 向右側身，同時左捶向前中栽擊而出，位高同心，擰腰旋臂，拳心向下，拳眼在右，兩腿成側騎乘樁，眼看前中（圖 3-215、216）。

圖 3-215　　　　　　　　　圖 3-216

一〇五、斜身斷板捶

1. 左開門式。

2. 向右側身，同時左捶向前砸擊而出，位高同肋，拳心在裡，五指緊握，兩腿成側騎乘椿，眼看前中（圖 3-217、218）。

一〇六、斜身栽肋捶

1. 左開門式。

2. 向右側身，同時左捶向前栽擊而出，位高同肋，擰腰旋臂，拳心向下，拳眼在右，兩腿成側騎乘椿，眼看前中（圖 3-219、220）。

圖 3-217

圖 3-218

圖 3-219

圖 3-220

圖 3-221　　　　　　圖 3-222　　　　　　圖 3-223

一〇七、吞身崩面捶

1.左開門式。

2.向後吞身，背向前探，臀向後坐，後腿高起，腳尖點地成高丁字樁，同時右捶向前崩擊而出，位高同臉，拳眼向上，拳心向左。眼看前上（圖 3-221、222）。

一〇八、吞身圈耳捶

1.左開門式。

2.向後吞身，背部前探，胯向後坐，後腳跟高抬成丁字樁，同時右捶提起，從外向裡（從右向左）圈擊而出，位在耳位，拳眼在上，拳心在裡，眼看前上（圖 3-223、224）。

圖 3-224　　　　　　　　　　　圖 3-225

一〇九、吞身砸鼻捶

1.左開門式。

2.向後吞身，兩腿成右丁字椿，同時左捶向前砸擊而出，位高同鼻，拳心在裡，五指緊握。眼看前上（圖 3-225、226）。

一一〇、吞身轟面捶

1.左開門式。

2.向後吞身，兩腿就成右丁字椿，同時左捶向前炮擊而出，位高同臉，拳心向下，拳眼在

圖 3-226

圖 3-227　　　　　圖 3-228　　　　　　　圖 3-229

右，眼看前上（圖 3-227、228）。

一一一、潛身栽襠捶

1.左開門式。

2.向下蹲身，兩腿成低左跪拜椿，同時左手向前栽擊而出，位高同襠，拳心向下，拳眼在右，眼看前下（圖 3-229、230）。

一一二、跪步指襠捶

1.左開門式。

2.向下蹲身，兩腿成左低跪拜椿，同時右拳向前崩擊而出，位高同襠，拳心在左，拳眼在上，眼看前方（圖 3-231）。

圖 3-230

圖 3-231

一一三、臨行背身撩陰腳

1.左開門式。

2.向右後大幅轉身，同時兩腿變成倒丁字樁，左腳尖點地。兩手提起，頭節不變，眼反看前方（圖3-232）。

3.連動不停，左腳腳跟向上、向前撩擊而出，腳掌繃起，兩手協動，眼反看前方（圖3-233）。

圖 3-232

圖 3-233

圖 3-234

一一四、提閃斷膝腳

1.左開門式。

2.左腿向上提膝，高度適宜，腳腕勾起，腳心向下，腳尖向前，右腿單腿獨立，兩手提起，皆放胸前，眼看前下（圖3-234）。

3.連動不停，左腿順勢向下跺擊而出，膝節伸開，向右擰腰，腳尖右斜，腳掌平臥。兩手協動，眼看前下（圖3-235）。

圖 3-235

第二節 戲枝拳

「七仙摘果進桃園，蟠桃仙枝戲一番。傳下神功爪形拳，分筋錯骨妙無端」。

戲枝拳是一種擒拿拳法，專工爪法沾肢勁，練習各種爪技，鎖拿扣捉，控勁制人，配合打踢，分筋錯骨，殘肢斷節，拳法細膩，施術別緻，由一系列獨立的固定的散招組成，擬攻人體十大筋節，每一散招相對完整，一般由二、三連動組成，特點是動靜相合，快慢交替。

一、鍾離推枝

1. 左爪向前、向上推擊而出，五指圓屈，虎口在裡，爪心前下，手腕順挺，高與頭平；右爪置於胸側，爪心向裡，虎口向上；左腿在前，右腿在後，兩腿成側騎椿，重心後坐；眼看前上（圖3-236）。

2. 左爪向下沉爪稍落，腕節翻挺，爪心變為向內，虎口向上，右爪同時從左臂下方推爪而出，虎口向上，爪心向前，動形斜上；右腳腳跟抬起，重心前移成高丁字椿，身腰左轉，眼看爪間

圖 3-236

圖 3-237　　　　　　　　　　圖 3-238

（圖 3-237）。

二、國舅劈枝

1.左爪向前、向上抓擊而出，虎口在裡，爪心前下，手腕順挺，高與頭平；右爪置於胸側，爪心向裡，虎口向上；左腿在前，右腿在後，兩腿成側騎乘樁，重心後坐；眼看前上（圖 3-238）。

2.右爪變捶從右側上向下劈打而落，五指緊握，捶眼在上，捶輪在下，捶心在內，捶背在外；重心前移成單跪拜樁，前腿微屈，後膝下沉，上體前探，腳跟抬起，眼看捶下（圖 3-239）。

圖 3-239　　　　　　　　圖 3-240

三、湘子撲枝

　　1.左爪向前、向上抓擊
而出，虎口在裡，爪心向
前，手腕順挺，高與頭平，
右爪置於腦側，兩腿成側騎
乘椿，重心後坐；眼看前上
（圖3-240）。

　　2.右爪向左爪側抓擊而
出，虎口在內，爪心向下；

圖 3-241

當抓至左爪位時，即與左爪一起下撲抓攏；上體大幅度下
沉，前膝微屈前頂，後膝下沉，腳跟抬起，成跪拜椿，眼看
雙爪下（圖 3-241）。

圖 3-242   圖 3-243

四、果老旋枝

1.左爪向前、向上抓擊而出，虎口在裡，爪心向前，手腕順挺，高與頭平；右爪置於胸側，兩腿成側騎乘椿，重心後坐；眼看前上（圖 3-242）。

2.右爪從左臂下方推爪而出，虎口向上，爪心向前；當推至左爪位下時，再向右側稍轉向推，左爪與右爪成圓弧形順動；右腳跟抬起，成高丁字椿，重心前移，眼看雙爪間（圖 3-243）。

五、拐李圈枝

1.左爪向前抓出，手腕左扣，虎口向前，手心向下；右爪提於右胸，虎口向外；兩腿成側騎椿，重心後坐，眼向前

圖 3-244　　　　　　　　圖 3-245

看（圖 3-244）。

2.右腿前進一步，成側騎乘椿，重心在後，同時右臂向前探伸而出，高與肩平；右臂伸直後即向內勾屈肘節；梢節回收，左爪也同時拉帶回收；當肘節大幅度彎曲夾合後，回收左爪抓住右手腕節；眼看肘中（圖 3-245）。

六、采和搖枝

1.左爪向前、向上抓擊而出，爪心向前下，虎口向裡，腕節順挺，高在頭上；右爪置於右胸側，兩腿成左側騎乘椿；眼看前上（圖 3-246）。

2.左爪向後拉，手形不變，重心後移，左膝下仆，低勢伸直；右腿彎曲，全負體重，眼看爪下（圖 3-247）。

3.左爪向前推，腕節挺起，爪心向前，虎口向內，重心

圖 3-246   圖 3-247

前移成弓箭樁，眼看爪前（圖 3-248）。

4.重心稍後移，成右騎乘樁，同時轉動身形，帶動左爪做圓弧逆反纏旋，肘節適屈，臂節順動，眼看爪下（圖 3-249）。

七、洞賓定枝

1.左爪向前抓出，手腕左扣，虎口在前，手心向下，右爪提於右胸側，兩腿成側騎乘樁，重心後坐，眼向前看（圖 3-250）。

2.左爪向後拉爪，手形不變收至左身側外，再反上推，與右爪成逆向，右爪向前抓按而出，爪心向下，一抓即沉，由頭降於肩下，上體前傾，重心下移成左跪拜樁，眼看爪下（圖 3-251）。

圖 3-248

圖 3-249

圖 3-250

圖 3-251

圖 3-252　　　　　　　　　　圖 3-253

八、鍾離回枝

1.左爪向前抓出，肘節微屈，手腕左扣，向左、向內、向下擰纏至手心向上，虎口向前，再向後屈肘收回，兩腿成側騎乘樁，重心後坐，眼向前看（圖 3-252）。

2.右爪向前撲抓而出，爪腕正挺；後腿蹬直，重心前移成左弓箭樁，眼看爪下（圖 3-253）。

九、國舅摟枝

1.左爪向前抓出，手腕左扣，虎口向前，手心向下；右爪提於胸右側，掌心向上，虎口向外，兩腿成側騎乘樁，重心後坐，眼向前看（圖 3-254）。

2.右腿前進一步，同時右臂向前探伸而出，高於肩節，

圖 3-254

圖 3-255

臂伸直後即向內勾屈肘節，梢節回收，左爪也同時拉帶回收，當肘節大幅度彎曲夾合後，回收左爪抓向右手腕節，眼看肘中，腰髖左撐，下體左沉，左膝伸直下降成右弓箭樁（圖 3-255）。

十、湘子歧枝

1.左爪向前抓出，手腕左扣，虎口向前，手心向下，右爪提於胸右側，掌心向上，虎口向外，兩腿成側騎乘樁，重心後坐，眼向前看（圖 3-256）。

圖 3-256

圖 3-257　　　　　　　　　　　圖 3-258

2.左爪向後回收拉帶，爪形不變，同時右爪變捶向前直衝擊，捶形為透骨拳形，中指關節突出，餘指扣緊，拳眼向上，拳心向內，重心前移，上體前探成左丁字樁，眼看捶前（圖3-257）。

十一、果老挑枝

1.左爪向前、向上抓擊而出，肘節微屈，五指圓屈，虎口在裡，爪心前下，手腕向內順挺，高與頭平，右爪置於胸側，爪心向裡，虎口向上；兩腿成左側騎乘樁，重心後坐，眼看前上（圖3-258）。

2.左爪回收拉帶，爪形不變，同時彎曲右肘，右前臂從下向上挑架而出，手心向內，高於肩平，右腳前進一步，重心先前復後，終成左側騎乘樁，眼看臂上（圖3-259）。

圖 3-259　　　　　　　　　圖 3-260

十二、拐李卡枝

1. 左爪向前抓擊而出，五指圓屈，虎口在裡，爪心前下，手腕向內順挺，高與頭平，右爪提置胸側，爪心向裡，虎口向上，兩腿成左側騎乘樁，眼看前上（圖 3-260）。

2. 左爪回收拉帶，爪形不變，右爪變成「八」字掌，由下向上挑插而出，掌心向內，右腳前進一步，重心先前復後，終成左側騎乘樁，眼看臂上（圖 3-261）。

十三、采和封枝

1. 左爪向前抓出，肘節微屈，手腕左扣，向左、向內、向下擰纏至手心向上，虎口向前，再後屈肘收回，兩腿成側騎乘樁，重心後坐，眼向前看（圖 3-262）。

圖 3-261　　　　　　圖 3-262

　　2.右腿前進一步，右手向前
探伸而出，肘節彎曲挽臂摟回，
前臂平放，左爪同時在右小臂上
方推抓而出，五指彎曲，爪心向
前，身形左轉，右腿在前，左腿
在後，成高丁字樁，眼看爪前
（圖3-263）。

十四、洞賓勒枝

　　1.左爪向前抓出，肘節微
屈，手腕左扣，向左、向內、向
下撐纏至手心向上，虎口向前、
再向後屈肘收回，兩腿成側騎乘

圖 3-263

圖 3-264   圖 3-265

椿，重心後坐，眼看前方（圖 3-264）。

2. 右手向前探伸而出，肘節彎曲，前臂平放，挽臂摟回，左手同時向右臂捕抓，爪心向下，合形回力，右腿稍上一步，上身後仰，髖節前送成側丁字椿。眼看臂後（圖 3-265）。

十五、鍾離提枝

1. 左爪向前抓出，肘節微屈，手腕左扣，向左、向內、向下撐纏至手心向上，虎口向前、再向後屈肘收回，兩腿成側騎乘椿，重心後坐，眼向前看（圖 3-266）。

2. 右腿前進一步，超過左腿成側騎乘椿，重心前移，右爪向下掏爪，腕節內屈，爪心向上，右爪翻腕變按爪向身前抓出，爪心向下，眼看前下（圖 3-267）。

圖 3-266　　　　　　　　　　圖 3-267

十六、國舅切枝

　　1.左爪向前抓出，肘節微屈，手腕左扣，向左、向內、向下擰纏，至手心向上，虎口向前，再向後屈肘收回，兩腿成側騎乘樁，重心後坐；眼看前方（圖3-268）。

　　2.重心前移，左膝前頂，右膝下沉，腳跟抬起，成左跪拜樁，同時右爪變掌從前向下劈擊而出，掌指向前，掌心向內，肘節適屈，腕節平直，側背沉肩，眼看掌下（圖3-269）。

圖 3-268

圖 3-269　　　　　　　　圖 3-270

十七、采和扒枝

1.左爪向前抓出，手腕
左扣，虎口在前，手心向
下，右爪提於胸前，兩腿成
側騎乘椿，重心後坐，眼向
前看（圖 3-270）。

2.右腳前進一步，超過
左腿膝節蹬直成弓箭椿，同
時右臂向前探伸而出，手形

圖 3-271

成掌，掌心向下，伸直後即向下沉壓，梢節回收，稍彎肘
節，左手也同時拉帶回收，當右臂完成動作時，回收左爪抓
住右手腕節，上體大幅下沉，眼看臂前下（圖 3-271）。

圖 3-272

圖 3-273

十八、洞賓叉枝

1. 左爪向前抓出，肘節微屈，手腕左扣，向左、向內、向下撢纏至於手心向上，虎口在前，再向後屈肘收回，兩腿成側騎乘樁，重心後坐，眼向前看（圖3-272）。

2. 右腿前進一步，越過左腳，落腳時腿蹬直，身向左轉，成反左弓箭樁，同時右爪變「八」字掌向前下叉按而出，拇指與其餘四指成「八」字形，掌心向下，眼看掌下（圖3-273）。

十九、鍾離墜枝

1. 左爪向前抓出，手腕左扣，虎口在前，手心向下，右爪提於胸前，掌心向上，虎口向外，兩腿成側騎乘樁，重心

圖 3-274

圖 3-275

後坐，眼向前看（圖3-274）。

2.右爪向左撲抓而出，爪心向內，虎口向上，兩爪近而不觸，然後下沉身形，右腿膝節彎曲下跪成跪拜椿，右腳跟抬起，雙爪隨身體動作下拉，落至下盤，眼看雙爪（圖3-275）。

3.身形上起，右腿膝節直立，腳尖蹬點地面，左膝也挺起成高丁字形，雙爪隨身體動作大幅上舉，眼看雙爪（圖3-276）。

圖 3-276

圖 3-277　　　　　　　　　　圖 3-278

二十、國舅跪枝

1. 左爪向前抓出，肘節微屈，手腕左扣，向左、向內、向下撙纏，至手心向上、虎口在前時，向後屈肘收回，兩腿成側騎乘椿，重心後坐，眼向前看（圖 3-277）。

2. 右腿進步落成弓箭椿，同時右爪變掌，向前下按壓而出，掌背在上，上體前傾沉肩，眼看掌下（圖 3-278）。

3. 右膝連動提起，膝節緊夾，用膝頭向前下方沉壓，眼看膝下（圖 3-279）。

二十一、湘子攀枝

1. 左爪向前抓出，肘節微屈，手腕左扣，向左、向內、向下撙纏，至手心向上、虎口在前時，向後屈肘收回，兩腿

圖 3-279

圖 3-280

成側騎乘樁，眼向前看
（圖 3-280）。

　2.右腿進步，落地
後蹬成弓箭式，同時右
爪變掌，向前下按壓而
出，掌背在上，上體前
傾沉肩，眼看掌下。同
時起右腳向前、向下踏
擊而出，雙爪高位，膝
節適屈，眼看足下（圖
3-281）。

圖 3-281

圖 3-282　　　　　　　　　　　　圖 3-283

二十二、果老轉枝

1. 左爪向前抓擊而出，肘節微屈，五指圓曲，爪心向內，虎口向前上方，手腕順平，右手為爪置於右胸，爪心向上，虎口向外，兩腿成側騎乘椿，重心後坐，眼向前看（圖3-282）。

2. 左爪向後上方收回提拉，肘節彎夾，同時右爪從左爪前下方抓擊而出，爪心向內，虎口向上，椿式不變，眼看雙爪（圖3-283）。

3. 雙爪同時向左擰手，運行到左側外，右爪反挺，爪心向上，右爪內曲，爪心向下，上身隨動左轉，後腿蹬直成弓箭椿，重心前移，眼看前下（圖3-284）。

圖 3-284

圖 3-285

二十三、拐李繞枝

1. 左爪向前抓擊而出，肘節微屈，五指圓屈，爪心向內，虎口向前上方，手腕順平，右手為爪置於右胸，爪心向上，虎口向外，兩腿成側騎乘樁，重心後坐，眼向前看（圖3-285）。

2. 右腳前進一步，越過左腳，落地成右側騎乘樁，左爪同時正向回收，手形不變，右手向前抄臂而出，前臂立起，指梢向

圖 3-286

上，手形為掌，手心向內，眼看肘內側（圖3-286）。

圖 3-287

圖 3-288

3. 左腿蹬直成弓箭椿，重心前移，右臂緊夾，肘節收合，左爪向左上方推爪，虎口向內掌心向前，身形右轉，眼看雙手之間（圖3-287）。

二十四、采和掀枝

1. 左爪向前抓擊而出，肘節微屈，五指圓屈，爪心向內，虎口向前上方，手腕順平，右手為爪提在右胸側，爪心向上，虎口向外，兩腿成左騎乘椿，眼看前方（圖3-288）。

2. 右腿前進一步，越過左腿落成右側騎乘椿，左爪同時正向回收，手形不變，右手向前抄臂而出，前臂下垂，梢節在下，手形為掌，手心向內，眼看肘前（圖3-289）。

3. 左腿蹬直成弓箭椿，重心前移，右臂緊夾，肘節收

圖 3-289

圖 3-290

合，左爪向右手上方推爪，虎
口在內，掌心向前，身形右
轉，眼看雙手之間，右爪在左
爪推爪完成後，抓向左爪手腕
（圖 3-290）。

二十五、洞賓楔枝

1.左爪向前抓出，肘節微
屈，手腕左扣，向左、向內、
向下擰纏，至手心向上、虎口
在前時，向後屈肘收回，兩腿
成側騎乘樁，重心後坐，眼向
前看（圖 3-291）。

圖 3-291

圖 3-292　　　　　　　　　　圖 3-293

2.右腿順勢蹬直成弓箭樁，重心前移，左擰腰髖，同時出右捶向前砸擊，五指緊握，掌心向上，拳眼向外，肘節適屈，眼看捶下（圖3-292）。

二十六、鍾離捆枝

1.左爪向前抓擊而出，肘節微屈，手腕左扣，向左、向內、向下擰纏，至手心向上，虎口在前時，向後屈肘收回，兩腿成騎乘樁，重心後坐，眼向前看（圖3-293）。

2.右臂向前、向內搶臂、勾爪，肘節微屈，爪心向內，手腕內屈，同時重心前移，右膝向上提頂，眼看前方（圖3-294）。

圖 3-294

圖 3-295

二十七、國舅插枝

1. 左爪向前抓擊而出，肘節微屈，手腕左扣，向左、向裡、向下擰纏，至手心向上、虎口向前時，向後屈肘收回，兩腿成騎乘椿，重心後坐，眼向前看（圖 3-295）。

2. 右臂前伸插掌，掌心向下，掌指向前，肘頭上翹，兩腿成右高弓箭椿，眼看前上（圖 3-296）。

圖 3-296

圖 3-297   圖 3-298

二十八、采和托枝

1.左爪向前抓出，肘節微屈，手腕左扣，虎口向前，手心向下，右爪提於胸前，掌心向上，虎口向外，兩腿成側騎乘樁，重心後坐，眼向前看（圖 3-297）。

2.左爪向後收回，手腕漸向腕背挺起，收至胸前時爪心向上，同時右腿前進一步，落成右側騎乘樁，右爪隨出，向上托爪，爪心向上，腕節反挺，高於左爪位，眼看爪上（圖 3-298）。

二十九、洞賓扛枝

1.左爪向前抓出，手腕左扣，虎口在前，手心向下，右爪提於胸前，掌心向上，虎口向外，兩腿成側騎乘樁，重心

圖 3-299　　　　　　　圖 3-300

後坐，眼向前看（圖 3-299）。

2.左爪向後收，肘節漸漸彎曲，手腕漸漸向腕背挺起，收至胸前時爪心向上，虎口向內，同時右腿向前進一小步成左高丁字樁，身形大幅擰轉，落步後倒成翻形，右爪抓擊而出，從上向下至左爪位為止，爪心向下，虎口在內，眼看左爪（圖 3-300）。

三十、鐘離架枝

1.左爪向前抓出，手腕左扣，虎口在前，手心向下，右爪提於胸前，掌心向上，虎口向外，兩腿成側騎乘樁，重心後坐，眼向前看（圖 3-301）。

2.左爪後收，肘節漸漸彎曲，手腕漸漸向腕背挺起，收至胸前時爪心向上，虎口在內，同時右腿前進一步，落地成

第三章　秘傳拳法

圖 3-301　　　　　　　圖 3-302

右側騎乘椿，重心後坐，右小
臂彎曲，由下向上正提而起，
高於左爪位，上身隨之後仰，
眼看肘上（圖 3-302）。

三十一、國舅砍枝

1. 左爪向前抓擊而出，肘
節微屈，手腕左扣，向左、向
內、向下擰纏，至手心向上、
虎口向前時，向後屈肘收回，
兩腿成騎乘椿，重心後坐，眼
向前看（圖 3-303）。

2. 重心前移，左膝前頂，

圖 3-303

圖 3-304　　　　　　　　　　圖 3-305

右膝下沉，腳跟抬起，成左跪拜樁，同時右爪變掌向前下劈
擊而出，掌指向前，掌背向外，掌心向內，肘節適屈，腕節
平直，側背沉肩，眼看掌下（圖 3-304）。

三十二、湘子拍枝

　　1.左爪向前抓擊而出，肘節微屈手腕左扣，向左、向
內、向下擰纏，至手心向上、虎口向前時，向後屈肘收回，
兩腿成騎乘樁，重心後坐，眼看前方（圖 3-305）。

　　2.重心前移，左膝前頂，右膝下沉，腳跟抬起，成左跪
拜樁，同時右爪變掌向前下拍擊而出，五指分開，掌心向
下，虎口在內，肘節適屈，腕節平直，沉肩通臂，眼看掌下
（圖 2-306）。

第
三
章

秘
傳
拳
法

圖 3-306　　　　　　　　圖 3-307

三十三、果老壓枝

1.左爪向前抓出，肘節微
屈，手腕左扣，向左、向內、
向下擰纏，至手心向上、虎口
向前時，向後屈肘收回，兩腿
成騎乘椿，重心後坐，眼看前
方（圖3-307）。

2.重心前移，左膝前頂，
右膝下沉，腳跟抬起，成左跪
拜椿，同時右前臂彎曲，肘節
平直，向前下沉壓，上體前
傾，眼看肘下（圖3-308）。

圖 3-308

圖 3-309　　　　　　　　　　　圖 3-310

三十四、拐李按枝

1.左爪向前抓出，肘節微屈，手腕左扣，向左、向內、向下擰纏，至手心向上、虎口向前時，向後屈肘收回，兩腿成騎乘樁，重心後坐，眼向前看（圖3-309）。

2.重心前移，左膝前頂，右膝下沉，腳跟抬起，成左跪拜樁，同時右爪變「八」字掌，向前下按壓而出，掌成反形，掌旨在後，掌心向前，手腕反挺，上體前傾沉肩，眼看掌下（圖3-310）。

三十五、采和砸枝

1.左爪向前抓出，肘節微屈，手腕左扣，向左、向內、向下擰纏，至手心向上、虎口向前時，向後屈肘收回，兩腿

圖 3-311　　　　　　　　　　　　圖 3-312

成騎乘椿，重心後坐，眼看前方（圖 3-311）。

　　2.重心前移，前膝前頂，後膝下沉，腳跟抬起，成左跪拜椿，同時右前臂彎曲，肘節平直，由前向下砸壓，上體前傾，眼看肘下（圖 3-312）。

三十六、洞賓罩枝

　　1.左爪向前抓出，肘節微屈，手腕左扣，向左、向內、向下擰纏，至手心向上、虎口向前時，向後屈肘收回，兩腿成左側騎乘椿，重心後坐，眼看前方（圖 3-313）。

　　2.右腳前進一步，越過左腳落地成右弓箭椿，同時右前臂向內彎曲，夾緊大臂，用肘頭由上向下沉壓至夾肋為止，右爪回收至左爪上，近而不觸，爪心向下，虎口在內，上體前傾，右側身形，眼看前下（圖 3-314）。

圖 3-313　　　　　　　　　圖 3-314

三十七、鍾離騎枝

1. 左爪向前抓出，肘節微屈，手腕左扣，向左、向內、向下擰纏，至手心向上、虎口向前時，向後屈肘收回，兩腿成左側騎乘椿，重心後坐，眼看前方（圖 3-315）。

2. 右爪向左爪方向抓擊而出，近而不觸，同時起右腿向左掃擊而出，高於雙爪位掃擺落在左身側，成騎乘椿，身形順勢向左大幅轉動成倒勢，上體前屈，臀部下沉，眼

圖 3-315

圖 3-316

圖 3-317

向下看（圖 3-316）。

三十八、湘子撞枝

1.左手向前抓出，五指圓屈，肘節微屈，爪心向下，虎口在前，手腕左扣，右爪提置右胸側前，爪心向上，左腿在前成側騎乘椿，眼視前方（圖 3-317）。

2.左爪後收置於左胸，爪形不變，同時重心前移，右腿蹬直成左弓箭椿，右肘從右身側向左拐出，前臂立直，緊靠上臂，肘尖前送，椿步沉穩，向左撐腰轉髖，眼看肘前方（圖 3-318）。

三十九、果老靠枝

1.左爪向前抓擊而出，肘節微屈，五指圓屈，爪心向內，虎口向前上方，手腕順平，右爪置於右胸，爪心向上，

圖 3-318 　　　　　　　　　　　圖 3-319

虎口向外，兩腿成側騎
乘椿，重心後坐，眼向
前看（圖 3-319）。

　　2. 右腿向前進一步
越過左腿落地成右側騎
乘椿，同時低頭貓腰，
頭向內側運行後反挺立
起，向後沉肩，左爪回
收，手腕反挺，爪心向
上停在左肩上側，右爪
向前鎖扣而出，五指向
內用力，虎口在上，爪

圖 3-320

心向前，腕節反挺，眼看爪前（圖 3-320）。

圖 3-321 圖 3-322

四十、拐李剪枝

1.左爪向前抓出，肘節微屈，手腕左扣，虎口在前，手心向下，右手提於右胸前，掌心向上，虎口向外，兩腿成側騎乘椿，重心後坐，眼向前看（圖 3-321）。

2.左爪向後拉帶收回，漸漸提升至面前正中位，右爪向內側橫切掌，肘節立起，彎曲適度，掌指向上，掌心向內，後腿蹬直成弓箭椿，身向左側撐腰，眼看掌前（圖 3-322）。

四十一、采和盤枝

1.左爪向前抓擊而出，肘節微屈，五指圓屈，爪心向下，虎口向前上方，右爪置於右胸，爪心向裡，虎口向上，

圖 3-323

圖 3-324

兩腿成側騎乘樁，重心後坐，眼向前看（圖 3-323）。

2.左爪向後上收回提拉，肘節彎夾，同時右腿前進一步，越過左腿落地成側騎乘樁，右肘彎曲向下、向上挑夾，兩爪同時向左用力，近而不觸，眼看爪下前（圖 3-324）。

四十二、洞賓撐枝

1.左爪向前抓擊而出，肘節微屈，五指圓屈，爪心向內，虎口向前上方，手腕順平，右爪置於右胸，爪心向上，虎口向外，兩腿成側騎乘樁，重心後坐，眼向前看（圖 3-325）。

2.左爪向後上方提拉，肘節彎夾，同時右爪向左爪前下方抓擊而出，爪心向內，虎口在上，樁式不變，眼看雙爪（圖 3-326）。

圖 3-325

圖 3-326

3.雙爪同時向左擰手，運行到左身側外，左爪反挺，爪心向上，右爪內屈，爪心向下，上身隨動左轉，右腿蹬直成弓箭樁，重心前移，眼看雙爪（圖 3-327）。

四十三、鍾離搬枝

1.左爪向前抓擊而出，五指圓屈，爪心向下，右爪置於右胸，爪心向上，虎口向外，兩腿成側騎乘樁，重心後坐，眼向前看（圖 3-328）。

圖 3-327

圖 3-328

圖 3-329

2.左爪向右收回提拉，肘節彎夾，右爪向左肘前下方勾抓，手腕內屈，爪心向上，提至面前高位，右腿蹬直成弓箭樁，重心前移，眼看爪上（圖3-329）。

四十四、國舅扳枝

1.左爪向前抓擊而出，五指圓屈，爪心向下，右爪置於右胸側，爪心向上，虎口向外，兩腿成側騎乘樁，重心後坐，眼向前看（圖3-330）。

圖 3-330

圖 3-331　　　　　　　　　　　　　圖 3-332

2.左腳前進一步，越過左腿落成側騎乘樁，重心在左腿，然後右爪從下向上、向左爪右側上方扳抓，爪心向上，虎口在後，爪腕反挺，右肘尖翹起，身向左轉，同時左爪提拉後收回，眼看右側肘上（圖 3-331）。

四十五、湘子捧枝

1.左爪向前抓出，手心向下，右爪提於胸前右側，掌心向上，虎口向外，兩腿成側騎乘樁，重心後坐，眼看前方（圖 3-332）。

2.右爪向左爪上側抓擊而出，爪心向內，虎口在上，同時身形漸起，右腳跟抬起，成高丁字樁，雙爪向上提爪捧手，眼看雙爪（圖 3-333）。

圖 3-333

圖 3-334

四十六、國舅蓋枝

1.左爪向前抓出，肘節微屈，手腕左扣、向左、向內、向下摔纏，至手心向上、虎口向前時，向後屈肘收回，兩腿成左側騎乘樁，重心後坐，眼看前方（圖3-334）。

2.重心前移，左膝前頂，右膝下沉，腳跟抬起成左跪拜樁，同時右抓向左腕抓擊而出，爪心向下，右肘彎曲，前臂夾上臂，肘頭前送，肘節向下沉壓，上體前傾，眼看肘下（圖3-335）。

圖 3-335

圖 3-336

圖 3-337

四十七、果老絞枝

1.左爪向前抓擊而出，爪心向下，右爪置於右胸側，爪心向上，虎口向外，兩腿成側騎乘樁，眼向前看（圖3-336）。

2.左爪向後上方收回提拉，肘節彎夾，同時右腿進一步，越過左腿落地成側騎乘樁，右肘彎曲，由下向上挑夾，右爪翻腕抓住左腕，爪心向下，向左外側推，眼看爪前（圖3-337）。

四十八、拐李瘋枝

1.左爪向前抓擊而出，爪心向下，右爪置於右胸側，爪心向上，虎口向外，兩腿成側騎乘樁，眼向前看（圖3-

圖 3-338

圖 3-339

338）。

2.左爪向右側推壓，虎口在裡，爪心向下，同時右爪抓推而出，從左爪臂內上向前越過，爪心向前，兩臂交叉，一上一下，重心前移，椿形不變，仍為騎乘椿，眼看雙爪（圖 3-339）。

四十九、拐李捌枝

1.左爪向前抓擊而出，五指圓屈，右爪置於右胸，左腿在前，右腿在後，成側騎乘椿，重心後坐，眼向前看（圖 3-340）。

圖 3-340

圖 3-341　　　　　　　　　　圖 3-342

2.左爪向後回收，右爪同時向前，經左爪虎口向下方推抓，虎口在前，掌心向下，雙腿成左弓箭步，眼看爪間（圖3-341）。

五十、采和捲枝

1.左爪向前抓出，五指圓屈，右爪置於右胸，成側騎乘椿，重心後坐，眼看前方（圖3-342）。

2.左爪向後收拉，右爪同時向前經左爪虎口後上方推抓，停在左爪指上方，手心向前，腕節挺起，雙腿成左弓箭椿，眼看雙爪（圖3-343）。

五十一、洞賓掰枝

1.左爪向前抓出，五指圓屈，右爪置於右胸，左腿在

圖 3-343　　　　　　　　圖 3-344

前，右腿在後，成側騎乘
樁勢，重心後坐，眼向前
看（圖 3-344）。

　2.左爪向上提起，腕
節頂起，爪指下垂，虎口
在內，手心向下，右爪同
時向前經左爪虎口向下抓
擊，停於左爪手下，虎口
在前，手心向下，雙腿成
左弓箭步，眼看雙爪（圖
3-345）。

圖 3-345

圖 3-346　　　　　　　　圖 3-347

五十二、鍾離翻枝

1.左爪向前抓出，肘節微屈，手腕左扣，虎口在前，手心向下，右爪提於右胸，掌心向上，虎口向外，兩腿成側騎乘樁，重心後坐，眼向前看（圖 3-346）。

2.左爪向左、向下、向內擰動，至手心向上、虎口在前時，向後屈肘回收，右爪同時向前推抓停於左爪上，肘節適屈，腕節挺起，手心向前，兩肘夾肋，雙腿成左弓箭樁，眼看雙爪（圖 3-347）。

五十三、國舅夾枝

1.左爪向前抓擊而出，五指圓屈，右爪置於右胸前，兩腿成側騎乘樁，重心後坐，眼向前看（圖 3-348）。

圖 3-348

圖 3-349

2.左爪向下、向內翻腕至手心向上，再向內收回近胸，肘節彎曲近肋，右爪同時經右胸向前、向左爪上方推抓，掌心向前，腕節後挺，肘節適屈，兩腿成左弓箭樁，眼看雙爪（圖 3-349）。

五十四、湘子挖枝

1.左爪向前抓出，手心向下，右爪提於胸前，兩腿成側騎乘樁，眼看前方（圖 3-350）。

圖 3-350

圖 3-351
圖 3-352

2.左爪用力挺腕，使手心向前，虎口在上，同時屈肘沉臂，爪根前頂（圖3-351）。

五十五、果老纏枝

1.左爪向前抓擊而出，五指圓屈，掌心向下，右爪置於右胸前，成側騎乘椿，重心後坐，眼向前看（圖3-352）。

2.左爪向左挺腕，前臂向外格翻，肘節彎曲夾肋，手心向前，右爪同時向前、向左屈腕送臂，虎口在上，手心向內，在左爪上方與左爪同時運行到身側，腰向左擰，雙腿成左弓箭椿，眼看雙爪（圖3-353）。

五十六、揚李挎枝

1.左爪向前抓擊而出，手心向下，右爪提至右胸前，兩

圖 3-353　　　　　　圖 3-354

腿成左側騎乘樁，眼看前
方（圖 3-354）。

　2.右腿前進一步，成
右側騎乘樁，左爪同時向
左外翻腕，四指垂下，手
心向前，收肘貼肋，右爪
同時向前伸出，直臂後再
屈肘向內抓擊至左爪外
側，再向後屈腕拉手，停
至左爪裡側，虎口在上，
手心向內，兩肘夾肋，眼
看雙爪（圖 3-355）。

圖 3-355

圖 3-356　　　　　　　　　　　圖 3-357

五十七、拐李固枝

1.左爪向前抓出，手心向下，右爪提於胸前，兩腿成側騎乘椿，眼看前方（圖 3-356）。

2.左爪向左、向下、向內撐動，至手心向上、虎口向前時，向後屈肘回收，右爪同時向前、向下抓擒壓手，重心後移，右腿蹬直成弓箭式，眼看爪下（圖 3-357）。

3.右腿連動，向前、向下鏟腳，腳腕勾起，腳掌以較大角度平臥，左腿下沉，微微彎曲，眼看前下（圖 3-358）。

五十八、果老鏟枝

1.左爪向前抓出，手心向下，右爪提於胸前，兩腿成側騎乘椿，眼看前方（圖 3-359）。

圖 3-358   圖 3-359

2.左爪向後、向上回收，手心在前，虎口在下，右爪向前、向上擒抓提起，肘節彎曲，手節反腕挺起，手心向上，虎口在前，重心向前上移，右腳尖點地成丁字樁，眼看前方（圖 3-360）。

3.向左擰轉腰髖，右腿送出鏟腳，膝節伸直，腳腕勾起，腳掌內斜平臥，左腿下沉，微微彎曲，眼看前下（圖 3-361）。

圖 3-360

圖 3-361

圖 3-362

五十九、采和跺枝

1.左爪向前抓出，手心向下，右爪提於胸前，兩腿成側騎乘椿，眼看前方（圖3-362）。

2.左爪向上、向後屈肘回收，右爪同時向前、向下抓擒壓手，肘節微屈，後腿蹬直成高弓箭椿，眼看右爪（圖3-363）。

3.向左擰腰，轉動髖節，帶動右腿向前、向下跺

圖 3-363

圖 3-364

腳而出，雙爪同時向上提起，
手腕翻挺，手心向上，身成側
位，眼看前方（圖 3-364）。

六十、洞賓蹬枝

1. 左爪向前抓出，手心向
下，右爪提於胸前，兩腿成左
側騎乘椿，眼看前方（圖 3-
365）。

2. 左爪向左、向下、向內
擰動，至虎口向前時，向後屈
肘回收，右爪連動，向前擰
纏，纏至爪心向上時，向左前

圖 3-365

圖 3-366

圖 3-367

擰腰，正轉髖節，右腿蹬出，腳腕勾起，腳尖向上，眼看前下（圖 3-366）。

六十一、鍾離撕枝

1.左爪向前抓擊而出，五指圓屈，掌心向下，右爪置於胸前，兩腿成側騎乘椿，眼向前看（圖 3-367）。

2.右爪向前抓出，手心向下，虎口在後，越過左爪時，與左爪同時向後回收，肘節近肋夾緊，右爪緊隨左爪回拉，同時向左擰腰，右腳側蹬而出，腳掌平臥，眼看前下（圖 3-368）。

3.蹬腳落步成左側弓箭椿，繼續大幅左擰腰，雙爪向左後側大幅拉帶伸出，爪形不變，右臂直貼前胸，眼看前下（圖 3-369）。

圖 3-368　　　　　　　　圖 3-369

六十二、湘子臼枝

1. 左手向前、向上托爪而
出，手心向上，手腕反挺，肘
節微屈，右爪置於右胸，兩腿
成側騎乘樁，重心後坐，眼向
前看（圖 3-370）。

2. 右腳向前邁一步，越過
左腳，落地成騎馬樁，同時向
左轉體，右肘隨之前運向下搗
擊，前臂立直，肘節緊曲，左
爪向後收回，爪形不變，置於
左胸前，眼看左肘下（圖 3-

圖 3-370

圖 3-371　　　　　　　　　　　圖 3-372

371）。

六十三、果老揚枝

1.左手向前、向上托爪而出，手心向上，手腕反挺，肘節微屈，右爪置於左胸，兩腿成左側騎乘樁，重心後坐，眼向前看（圖3-372）。

2.左爪向後拉回，同時重心前移，右腿向後蹬直，成左弓箭樁，右肘從右身側向左拐出，前臂立直，肘尖前送，眼看肘前（圖3-373）。

六十四、揚李擺枝

1.左手向前、向上托爪而出，手心向上，手腕反挺，肘節微屈，右爪置於右胸，兩腿成左側騎乘樁，重心後坐，眼

圖 3-373

圖 3-374

看前方（圖 3-374）。

2.左爪向後拉回，右爪
向左爪抓擊而出，虎口在
內，手心向下，同時向左擰
腰，右膝提起，小腿向左橫
擺而出，眼看肘前（圖 3-
375）。

六十五、采和坐枝

1.左手向前、向上托抓
而出，手心向上，肘節微
屈，右爪置於右胸，兩腿成
左側騎乘樁，重心後坐，眼

圖 3-375

圖 3-376

圖 3-377

看前方（圖3-376）。

2.左爪向後收回，置於腹前，手形不變，右爪向左爪前抓擊而出，同時起右腿向左掃擊而出，高於雙爪位，腳落在左身側，成騎乘椿，身形順勢向左大幅轉動成倒勢，臀部下沉，眼向下看（圖3-377）。

六十六、洞賓擔枝

1.左手向前、向上托抓而出，手心向上，肘節微屈，右爪置於右胸，兩腿成左側騎乘椿，重心後坐，眼看前方（圖3-378）。

2.左爪向後拉收，停在肩前上方，椿步起升，重心前移，右腳跟提起，腳尖蹬地成丁字椿，然後左爪與右爪同時向下拉，兩爪貼近，眼看爪下（圖3-379）。

圖 3-378

圖 3-379

六十七、鍾離踩枝

1.左爪向前抓擊而出，五指圓屈，掌心向下，右爪置於右胸，兩腿成左側騎乘椿，重心後坐，眼向前看（圖3-380）。

2.左爪向後拉抓，手心向下，右爪同時托拉，置於胸前，肘節彎曲，同時出右腳向前下方蹬擊而出，腳與左膝節同高，腳腕稍挺，腳尖向前上方，眼看腳尖（圖

圖 3-380

圖 3-381

圖 3-382

3-381）。

六十八、國舅踹枝

1.左爪向前抓出，手心向下，右爪提於右胸，兩腿成左側騎乘樁，眼看前方（圖 3-382）。

2.右爪向左爪前方抓擊而出，掌心向下，然後雙爪向後齊力收回，肘節適屈，同時起右腳向前下方側踹而出，腳腕勾起，腳掌平臥，身形隨之左轉，眼看腳前（圖 3-383）。

六十九、湘子舉枝

1.左手向前、向上托抓而出，手心向上，虎口在後，手腕反挺，肘節微屈；右爪置於右胸，兩腿成左側騎乘樁，重心後坐，眼看前方（圖 3-384）。

圖 3-383　　　　　　　　　　圖 3-384

2.左爪向後、向上收
起，身形漸升，樁步漸上
起，右爪同時伸臂向身前抓
出，漸下按，手心向下，肘
節適屈，至左爪高過頭頂肘
節伸直時，右腳跟抬起，腳
尖蹬地成右丁字樁，眼看右
爪（圖3-385）。

3.右腳前進一步，左腳
膝節彎曲，身形下沉成右跪
拜樁，左爪前推，掌心向
前，手臂充分伸直，右爪拉
沉，手心向下，上身前傾，

圖 3-385

圖 3-386   圖 3-387

頭節下垂，眼看前下方（圖 3-386）。

七十、果老捺枝

1. 左手向前、向上托抓而出，手心向上，肘節微屈，右爪置於右胸，兩腿成左側騎乘椿，重心後坐，眼向前看（圖3-387）。

2. 左爪向後拉收，置於左胸前，同時右腳上前一步，越過左腿落地成騎乘椿，身形隨之左轉，右爪變掌向下捺擊而出，手指分開，手心向下，眼看掌下（圖3-388）。

七十一、采和格枝

1. 左爪向前抓出，並向外擰纏，兩腿成側騎乘椿，重心後坐，眼向前看（圖3-389）。

圖 3-388　　　　　　　　圖 3-389

2.右肘彎曲，向前下沉，並向左爪下方收緊，同時左爪翻腕前推爪，爪心向前，上身前探，後膝蹬直成左弓箭樁，眼看爪臂間（圖 3-390）。

七十二、拐李趴枝

1.左爪向前抓出，並向外擰纏，兩腿成側騎乘樁勢，重心後坐，眼向前看（圖 3-391）。

2.右膝彎曲，身向下沉，右腳跟提起成左跪拜樁，右爪伸臂向前下方勾抓而出，手心向內，

圖 3-390

圖 3-391

圖 3-392

虎口在上，腕節內屈（圖 3-392）。

3.左爪向左膝前下勾抓而出，手心向內，虎口在上，腕節內屈，左臂伸直後即同右爪同時向內拉帶收回，右肩前送，右膝蹬直成低形弓箭樁（圖3-393）。

4.左爪翻腕向前下方推爪，至接近地面為止，爪心向下，臂節伸直後即收手，再推右爪，然後再收右爪，身體稍起前傾，起右腳向前下方

圖 3-393

圖 3-394　　　　　　　　　圖 3-395

踩擊而出，眼看前下（圖3-394）。

七十三、洞賓別枝

1. 左爪向前、向上托爪而出，右爪置於胸前，兩腿成側騎乘樁，重心後坐，眼向前看（圖3-395）。

2. 左爪稍向後收，右爪同時從左爪上向左抓推，爪心向下，身向左轉，後腿蹬直成弓箭樁，雙爪爪心互對，圓形用力，眼看雙爪（圖3-396）。

圖 3-396

圖 3-397   圖 3-398

七十四、鍾離捌枝

1.左爪向前、向上托爪而出，右爪置於右胸，兩腿成側
騎乘椿，重心後坐，眼向前看（圖3-397）。

2.左爪稍向後收，肘節適屈，右爪同時向左爪上抓擊而
出，爪心向左，肘節適屈，身向左轉，擰腰扭髖，後腿蹬直
成弓箭椿，然後雙爪後收，同時向左側方擰腕，圓形用力，
眼看雙爪（圖3-398）。

七十五、國舅抬枝

1.左爪向前抓擊而出，爪心向下，右爪置於右胸，左腿
在前成側騎乘椿，重心後坐，眼向前看（圖3-399）。

2.左爪同時向後、向上提拉，置於肩前，同時前腿滑進

圖 3-399

圖 3-400

一步，身形向右大幅起身呈反形背勢，右腳跟提起，左膝伸直成高丁字樁，然後右爪向左爪前方抓擊，腰向前躬，頭向前傾，肩節起升，雙爪同時下拉，眼看爪間（圖3-400）。

七十六、湘子抱枝

1. 左手向前、向上托爪而出，手心向上，肘節微屈，右爪置於右胸，兩腿成左側騎乘樁，眼看前方（圖3-401）。

2. 左手向後收回拉帶，左肘

圖 3-401

圖 3-402

圖 3-403

夾緊左肋，右爪從身前伸向左
爪，兩爪爪指穿插相扣，右肘
夾右肋，然後身形向後傾倒，
腰挺頭低，前腳跟漸漸抬起，
腳尖點地，成前丁字樁，雙爪
同時向上提爪，隨身同動，眼
看雙爪（圖3-402）。

七十七、果老捂枝

1.左手向前、向上托爪而
出，手心向上，右爪置於右
胸，兩腿成左側騎乘樁，眼看
前方（圖3-403）。

圖 3-404

圖 3-405 圖 3-406

2.左爪向後回收，右爪同時經左爪虎口後向前下方推抓，虎口在前，掌心向下，雙腿成側騎乘椿，眼看雙爪（圖3-404）。

七十八、拐李揚枝

1.左爪向前抓擊而出，肘節微屈，五指圓屈，掌心向內，虎口在後，手腕正挺，右爪置於右胸，爪心向上，虎口向外，左腿在前成側騎乘椿，眼向前看（圖3-405）。

2.左爪向後、向下捋拉收回，肘節適屈，變為按爪，爪心向下，與胸同高，同時右前臂從下提肘向上，停於左爪前，爪在肘後，肘在爪下，右腿蹬直成弓箭椿，眼看爪臂間（圖3-406）。

圖 3-407

圖 3-408

七十九、采和勾枝

1.左爪向前抓出，爪心向下，右爪置於右胸，雙腿成左騎乘樁，眼看前方（圖 3-407）。

2.右肘彎曲，向前下沉肘，並向左爪下收緊，同時左爪翻腕前推，爪心向前，上身前傾，後膝蹬直成弓箭樁，眼看臂爪間（圖 3-408）。

八十、洞賓碾枝

1.左爪向前抓出，手心向下，右爪提於右胸，兩腿成側騎乘樁，重心後坐，眼看前方（圖 3-409）。

2.左爪向後拉收，彎曲肘節，同時左腳向前滑進一步，腳尖稍提，落地後即向內擰腰轉體，前腳掌旋轉沉樁，膝節

圖 3-409

圖 3-410

彎曲成丁字樁，眼看前下方
（圖 3-410）。

八十一、鍾離扎枝

1. 左爪向前抓擊而出，五
指圓屈，掌心向下，右爪提起
置右胸，兩腿成左側騎乘樁，
眼向前看（圖 3-411）。

2. 左爪向後拉收，同時向
右轉身成反形背勢，左腳尖隨
即向內撑動，用腳尖向地面彈
扎，膝節適屈，右腿也適度彎
曲，頭向後扭，眼看左腳下

圖 3-411

圖 3-412　　　　　　　　　圖 3-413

（圖 3-412）。

八十二、國舅震枝

1.左爪向前抓擊而出，掌心向下，右爪置於右胸，雙腿成左側騎乘椿，眼看前方（圖3-413）。

2.左爪向後、向上拉帶收回，同時左轉身，撐腰送髖，右腳前邁，越過左膝後猛然向下震腳落地，雙腿成側騎乘椿，眼向下看（圖3-414）。

圖 3-414

第四章 絕傳功夫

　　武學大道，功夫為主，兼學招術。尤其是初入門者，要多操功夫，少問打法，否則捨本逐末，到老一場空。功夫靠苦練出來，持恆銳志，要天天練，月月練，年年練。一切神打絕技，功到自然成。

第一節 秘門內功

　　內功是一切功法之根本，是武功之精髓。拳經載：「不練內功不算功」，內壯則外強，本固方枝榮，不練內功，則難以修習外功、拳術、勁力、擊技。不但進功緩慢，毫無作為，且捨本逐末，易致疾患，即使上功亦不能保持長久，更得不到純正之功。

　　內功有三練，站練、坐練和臥練，以站練為主，上功最快。三練皆為靜形（「百動不如一靜」），靜中求動。

一、站形

　　「百練不如一站」，站練是內功最重要的修練方式。站形骨撐筋開，兼顧全體，周身舒展，血脈順暢，意感強烈，上功快，進功快。站練又被稱為「站樁」，樁步負重，刺激下盤，功量大，強度大，功效大。

圖 4-1　　　　　　　　圖 4-2

1. 丹爐式

　　兩腿兩腳併齊站立，腳尖正向前方，雙膝節適度變曲。兩手成掌，貼蓋丹田。內功經載：「肚臍以下會陰以上整體腰腹稱作丹田」，非指某穴某點（圖 4-1）。

2. 自然式

　　身體正直站立，雙腿分開與肩同寬，腳尖自然外分，雙臂垂放身側，接近髖骨，掌心向下，指尖外指挺起（圖 4-2）。

3. 天地式

　　兩腿分開與肩同寬，腳尖自然外分斜指，膝節適度彎

圖 4-3 圖 4-4

曲，兩臂提起平放胸前，肘部適度彎曲，兩手為掌，掌心向
內，自然分張，掌指相對（圖4-3）。

4. 守洞式

前腿提起，離地適宜高度，膝節適度彎曲，腳腕自然勾
曲，腳尖指向前上，與地面呈半直角，後腿微微彎曲，全腳
掌著地，腳跟微微內轉，腳尖向外斜向前方。兩掌伸出，一
前一後，自然掌形，置於人體中線，高在胸前。腕骨微微起
立，掌心內斜，掌背外斜（圖4-4）。

5. 玄機式

身形半直角傾斜，兩腳前後分開，適宜距離，膝節適度
彎曲，力度負重四六開，全腳掌著地。兩腳尖隨身形斜指前

方。兩手自然掌，一前一後，置在胸前，人體中線上，腕骨微起，掌形傾斜（圖 4-5）。

二、坐形

1. 便盤式

兩腿彎曲交錯，雙足置放於大腿之下，兩手疊合，左掌在外，右掌在裡，掌心貼靠丹田。

2. 單盤式

兩腿彎曲，一足翻盤於另腿的大腿上，一上一下，置放分明。兩掌疊合置放在丹田。

圖 4-5

3. 雙盤坐

兩腿彎曲，交錯互壓，雙足翻盤於兩腿之上，雙掌疊壓，貼靠丹田。

4. 跪坐式

雙腿全程彎曲，跪置於地，腳面、小腿面、膝蓋皆向下貼靠附地，臀部坐壓雙足，兩掌相合蓋於丹田。

5. 端坐式

坐在床邊、椅子或其他物體上面，兩腿自然垂放，分開與肩同寬，兩腳掌皆整體落地，腳面平直，小腿與地面垂

直，大腿與地面平行，以此來決定坐物的高度。

三、臥練

臥式同於人們睡眠方式，比較安逸，最適宜體質弱者。對於經常練功者，也可在睡前或醒後，習上一陣，消除疲勞，養精蓄銳，有益身心，增加功力，久則生妙。

1. 平臥式

身體平放，仰面躺下，背貼床面。兩腿伸值，腳尖自然外撇，外撇順應生理，筋肌不受強制，利於放鬆。兩掌疊交蓋合於丹田。

2. 側臥式

側臥分為兩種，一種右側臥，一種左側臥。一般向右側臥。身體向右，側躺床上，兩腿自然彎曲，彎曲度不可太大，太大易引起腿肌緊張，右腿貼床，左腿置放其上，稍上前提。左掌覆蓋於左大腿面上，右手彎曲置放頭邊。枕墊頭部適宜高度，安穩舒服。

各種練形除手、椿、身外，餘部皆相同，皆頭正頂平、頸立項領、脊直背豎、肩沉臀坐、閉唇合齒、舌抵上腭、耳關返聽、簾垂內視（或目開睛亮）、鼻施呼吸。

頭為人體之首，周身之主，領挈全節，統領整局，總司內機。頭正頂平，則神經鎮靜，人感精神飽滿，毫不昏沉，更利於聚精會神，集中意念。而五臟六腑，機能活動自然旺盛；五官四肢，自然平衡穩固，勢架嚴謹。

頸項是頭與身體聯繫樞紐，乃人體生理交通要塞，此處

有氣管、食管、重要神經經過。頸立項領，則呼吸舒順，血氣暢通無滯，神經領發靈動，心意調配完美。

人體的臟腑器官掛附脊椎，在脊椎管內有脊髓、脊神經。脊直背豎，一可舒暢五臟，使其各就各位。二可暢通經絡，使神經傳導須利。三可通順呼吸。

肩沉臀坐，利於放鬆，增加寬舒感，且可下降橫膈，安穩重心，穩固樁步。

口宜關閉，輕合雙唇，阻擋氣流從口入，自然集中鼻部呼吸，加強呼吸鍛鍊效果，有利於提高肺活量，意念易於安定和集中，易於做到意息合順。

用舌尖輕輕抵觸上腭，不得用力硬頂。一可阻擋氣流從口出入，增加內功呼吸的純正和嚴謹。二可充盈口中唾液，唾液增多時，輕輕咽下，久之能健胃增食，降火去浮，潤心潤身，滋補人體。三可增加舒服感，幫助安定心神，利於進入內功態。

閉眼內視，眼簾下垂，輕閉雙睛，眼不見物，緩和心意，減少思慮，安定心神，易於入靜，還利於放鬆，利於消除疲勞。閉眼內視，返光觀內，感應周身不適，蕩除積滯，因此減少消耗，積蓄能量，培養精神，溫養內能，充沛氣血，即俗語所說的「閉目養神」「積神生氣」「積神生血」（或在練功時目開睛亮，正視不亂，一可消除懶惰、昏睡感，抖擻精神，二可清朗目光，增加視力，銳利眼神，提高技擊眼功）。

耳為聽覺器官，收音辨聲，練內功時，耳朵不要關注外界一切響動，而是用耳聽取周身內在動感，動靜觸微，有利收攝心意，有利神經鍛鍊，增加耳朵靈敏感。

鼻施呼吸符合人體呼吸的生理規律，自然而衛生，且氣息勻細，易於舒展肺葉，加大肺活量。

四、練法

做好外形，則習功開始，擇其一練，集中心意，放鬆身體，鼻施呼吸，舒適自然，意息合順，吸氣時意想丹田，呼氣時意想全身，保持靜姿，久持不止，易而生奇。

1.心意

「內功非內功，全在心意中」「全憑心意練功夫」，透過意念關注，信息集中，利用大腦感覺神經的反射作用，去誘導和體察肌肉的放鬆。心意是內功的先導，是內功的靈魂，是內功功法的核心。

心意是傳統稱呼，簡單地說，心指大腦，不是心臟。心之所動，是意，俗稱用心想一下，即大腦下達的指令、發出的信息，也叫意念或念頭，意念瞬間即能遍及全身。

吸氣時意想丹田，呼氣時意想全身。能想著就行，沒想著也不要管它，通俗地講，「一想就對了（一想而盡），老想就錯了」，不必因此自亂心神。

「意想妙在無念中」，似有意似無意，似去想似不想，勿忘勿執勿助（這種意念內功上稱作「文火」，平和自然，不出偏差，重在溫養。歌曰：「不可無意求，不可施力助，不可用心執，文火練內功。無意不出功，執著火燒身，力助難放鬆，自然出功夫」），雜念自然隱去，心意自然集中，全身自然容易放鬆了。「意息合順」，是意念配合呼吸，而不是意念調節呼吸。

呼氣時不使一處欠缺，意遍周身，兼顧整體。初習者不能整體放鬆，意念必因此有所滯礙，可先從局部意念練起，漸漸到全身。

2. 呼吸

呼吸純任自然，舒適通暢。人的呼吸受大腦植物神經控制，自然與意念或動作協調，這是生理本能，不必使用心神、勁力勉強求其深淺、快慢、長短、粗細、有聲無聲、腹式胸式。

但由於練功時，保持靜態，肌肉長時支撐間架，自我負重，能量消耗增多，肌肉組織的氧化過程大大增強，需氧大大增加，與此同時，機體內部又產生大量的二氧化碳，它進入血液，作用於呼吸中樞，引起呼吸中樞產生興奮，初時可使呼吸變粗變快，日久呼吸變慢、變深、變長、變細、變成了內功的「丹田呼吸」（腹肌隨呼吸一癟一張），這樣意息更加合順。此乃呼吸中樞的生理自行調節，不能強求，任其自然形成，如果呼吸錯了，人為造作，橫膈就會發緊，周身將產生一定程度的緊張，也就無靜心、放鬆可言了，且易練出偏差。

3. 放鬆

「放鬆放鬆再放鬆，練到真鬆是純功」，內功就是身體在靜態下用心意誘導、調節和保持整體肌肉放鬆的過程。放鬆既是內功入門的基礎，也是內功達到高境界的途徑，放鬆程度是內功深淺的標誌。

內功放鬆指全身肌肉保持外形勢架，自然有力外，絕對

不使用其他任何力，即「不懈不拙，有力而不用力」。

由於人在日常生活動作中養成的習慣，幾乎每個人身上的某些肌肉總是處於緊張狀態。

初學者往往苦於不能放鬆，越想放鬆反而越放鬆不了。對此切不可急躁，要主動而不是刻用心意強求地堅持，日積月累自然地放鬆了。否則達不到練功目的，反而對身體有害，並成為嚴重心意（思想）負擔，終停習功。其實放鬆並非難事，關鍵要做到自然。

初習內功，肌肉還未能達到整體放鬆，或還不適應整體放鬆，或不能保持和耐受長時放鬆，常伴有沉重感、脹痛感、輕浮感、疲憊感、酸麻感、陣顫感、溫熱感等不同的功感，因人因時而異。

久練功夫漸漸進展了，肌肉真正地放鬆了，全身必會產生強烈的舒服適力感覺，此時方算進入內功正軌，功夫愈進，舒適感愈著，舒適感愈著，功夫精進愈快。舒適感功到自然來，初習者不必執意強求。

五、功效

得到心意、呼吸、放鬆應用的妙諦，持之以恆，內功自然上身了。

內功上身，則人丹田和暖，腎元充足，血氣活潑，臟腑舒健，精神愉快，精力過人，體能耐久，雖耄耋之年可保不衰；則人心意常寧，氣息常平，神經鎮靜，定力非凡，膽量浩壯，拳腳打出控制自如，雖激烈打鬥無礙無滯；則人肌肉常鬆，富具彈性，反應靈敏，且周身和諧，意感完美，勁力處處蓄滿待發。

第二節　秘門柔動

「筋長一寸，靈敏三分」，柔動，主練筋，俗稱「抽筋」，拔伸筋韌，靈活骨節，展舒肌肉，堅強肢架，是外功之一種，是習武之基礎。

一、柔頸功

頸節連接頭部和軀肢，溝通各種生理，地位至重。柔頸之功，舒展頸節，靈活頸節，健壯頸韌，提高耐力，活脈通絡，流通血氣，強化神經。

1.點頭

前點、後點和側點。以頭節帶領頸節向前、後、側點動，拉伸頸部筋韌，柔長之，堅強之。

2.擺頭

左擺和右擺。向左向右，擺動頭頸，臉部隨變，抽展兩側頸節筋肉，提高靈活性，增加柔韌力。

3.繞頸

旋繞頭節，繞動頸節，圓活柔軟，變化自如。

二、柔臂功

柔臂之術，柔軟手臂，流通血脈，強筋壯骨，此練習能使雙臂鬆長、柔綿、靈敏、迅捷。

1. 扭指

裡扭和外扭。練習時，用一隻手握拿另隻手的單個手指或整個指掌，往裡、往外逐漸加力加度握扭。練習手指關節之柔軟程度和強化手指之柔韌力量。

2. 活腕

裡活和外活。練習時，一隻手握拿另隻手掌，往裡和往外壓迫活動手腕筋。

圓活。練習時，單獨活動手腕，作圓活運動。練習手腕關節之靈活度和強化手腕筋韌性。

3. 彎肘

以肘彎為支點，肘作彎曲扭轉運動。練習肘關節之彎曲能度和強化肌筋。

4. 旋肘

以肘彎為支點，肘作旋轉運動，正反皆練，增加肘節的靈活程度和使用能力。

5. 開臂

兩臂從胸前開合擴臂，靈活臂根。

6. 壓臂

手臂伸直高舉，手掌放在一物體上，向裡壓迫肩節，增加臂根的活動靈巧能度。

7. 長臂

雙臂自由放鬆，隨意伸縮，任向舒展，盡量伸長，伸時臂筋收縮感覺明顯，愈長愈有妙意。加長筋骨，勁力自生，經常練習，可使雙臂伸展無礙，靈活而堅強。

8. 掄臂

俗稱掄胳膊，分單掄和雙掄。練習時，胳膊取直，放鬆柔軟，以肩為支點作圓活掄動，前後掄轉不必用力，求其自然活潑，或單掄或雙掄。初練之時，覺兩手好似與臂脫節，兩手血液驟增，膨脹感相當強烈，脹痛酸麻，觀察兩掌顏色發紅，此乃掄臂之必然現象，練久自消，而功自得，為用也甚大。另外，也可在練時磨揉手掌，活潑氣血以輔助。

9. 通臂

沉肩。練習時，沉墜肩部，向下用力，使肩部鬆沉，柔軟和強化肩部關節筋脈，反覆練習，升降起伏，形如鳥之振翼。

活肩。此法肩部自行做圓活運動，背部兩隻琵琶骨，隨以起伏，練習琵琶骨活如門扇，柔軟如綿，靈韌鬆通。在柔功中極為重要，不可疏忽。

三、柔腿功

腿功之要，修長勁雄，各家武功，皆加推崇。抽筋拉腿為腿功第一步基礎。不活不順，妄談神腿絕技。

1. 活梢

活趾和活腕。活動腳趾、腳腕，使其通順活潑，強化腳趾腳腕力量。

2. 提膝

亦稱提腿，盡量提高膝部，或單獨練習或手抱膝輔佐，鍛鍊膝部關節和用膝靈活度。

3. 轉髖

髖即胯部。前後左右轉動髖部，臀部也隨之轉動，使其自然圓活，提高出腿的靈巧程度。此法於腿功腿技，最有大益，多多練習，受益必深。

4. 壓腿

前壓。前伸一腿，腳尖或彎或直，手抓腳尖或垂放身側，向前伸腰拉伸壓迫腿部筋節（圖 4-6）。

後壓。兩腿極度伸開，前腿彎曲，後腿腳尖點地，身體向後運動，用力壓迫，以拉伸腿筋（圖 4-7）。

側壓。兩腿左右極度伸開，一腿彎曲，一腿伸直，向下運動身體，壓迫伸長腿筋（圖 4-8）。

低壓。放低姿勢，低形抽

圖 4-6

筋。上述三種壓法，皆按低壓法講述。

高壓。置放高物，適宜高度，伸腿其上，應用柔軟，也分正壓、側壓、後壓，可參照低壓說明。

叉腿。腿部筋開，可以仆地，是為全功。叉腿分豎叉和橫叉兩種姿態。練習時，也可直接叉開雙腿，下壓近地。

凝腿。此乃柔腿秘法，指柔腿時，使筋開有痛，靜然不動，耗筋壯絡，酸麻難忍，相當艱苦，堅持為功。柔腰、柔臂、柔頸也可引用。

圖4-7

圖4-8

5. 遛腿

腿腳隨意運動，任何方向，任何角度，伸開、踢開、旋掃，活潑筋骨，舒展筋骨，鞏固壓迫之效果，加強關節進一步靈活度，增強腿部更大力量。

四、柔腰功

練拳之前，必先活腰，柔軟腰節，此乃拳術重要之基礎，任何習武者皆不可忽之。腰僵為拙，處處不通，處處不靈，何處談高深？練技不活腰，終究藝不高，即言此。

柔腰功術，強化腰部骨質筋力，使之血氣流通，活潑舒暢，求得腰節極度靈活，以達到「腰若仙游，夭矯不測」的境界。

圖 4-9

1. 前屈腰

站立直身，向前、向下屈壓腰部，或雙手摟緊雙腿，以腰腹貼住腿部為妙，臉部向腿逐漸壓迫，拉伸腰筋（圖 4-9）。

2. 後倒腰

直身站立，兩手高舉伸直，配合腰部筋節向後展伸，倒壓腰部韌帶。屈腰倒筋，練習腰部韌帶，前後伸縮，強化韌肌強度（圖 4-10）。

圖 4-10

3. 折腰

向後倒腰，至手接地，凝住不動，成橋形。或雙膝跪地，向後倒腰。折壓腰椎韌質，疊骨柔腰，手腳愈折愈近愈妙。

4. 斜腰

由正身向身體側面左右斜伸，展壓側腰部，舒鬆腰節。

5. 旋腰

兩手臂伸直，配合腰部關節旋轉一周，左右練習，圓活柔軟，自然增力。

6. 晃腰

腰節任意晃動、屈伸，適應用力，加快（不要過於勉強），漸漸增加。活潑腰韌，運動腰腹，加強腰力，鞏固力源。此功屬於快柔軟，活潑，有力量，有速度，助於高層發勁之用，功效非常，好處自得，不可不練。

7. 翻腰

前翻。練習時，兩手向前撲地，猛然翻轉腰部騰起，懸空轉動一周，前翻站起。

後翻。此法乃兩手向後同時接地，猛然折動腰節，後騰空翻轉一周，後翻站起。

側翻。俗稱打車滾輪。側身，兩手側向猛然撲地，腰部翻轉一周過，側翻站起。

柔功不但是一種獨立完整的外功方法，且常被作為其它功夫的預功（如內功、排打、發力等），拳譜載：「起手先要柔皮筋」，因人身由緩和之常態猛然激烈動作，筋韌驟然鬆緊，血脈驟然張馳，生理難能立即適應，頓感痛苦不舒，久則易損體質，故先做柔軟以充足準備。

柔功以慢練為秘傳修習門徑，另外再加以快練輔助，上功更快。練習柔功，應循序漸進，持之以恆。練至身體柔彈，靈通活潑，無礙無滯，是為柔功之佳境。

第三節　秘門硬功

一、硬功

硬功主修外剛，堅硬勁節，其中包括鐵掌功、鐵捶功、鐵腳功、鐵腿功、鐵指功、鐵膝功、鐵肘功、鐵頭功。練習此功不但可以在發勁時加重對敵身的殺傷，功深者觸之則損，而且可以使自己承受強大發勁時對骨筋膚的反作用力。

1. 鐵沙袋功

鐵沙袋是練習硬功的重要工具，各節都要在鐵沙袋上操打。

作一方形布袋，大小適中，內裝鐵砂，摻雜藥物，滋潤血氣，保護皮骨，有益練功，如朱砂渣、乳香、沒藥、當歸等，密加縫納，使之堅牢。吊於木人椿上（練硬功常把鐵砂袋掛在木人椿上，很具實戰效果），或置於凳子上或其他物上。

2. 狗皮功

練硬功者常在鐵砂袋上置放一塊狗皮，生熟均可，皮板在外，單放或疊放。此乃秘傳練法，一減少疼痛，不易損傷勁節，二寓剛於柔，因柔致剛，可收剛柔相濟之妙，功成後，勁節軟硬兼具，勁力可剛可柔。

3. 硬功要訣

硬功要「由內入手，內外結合」。一指「不練內功不算功」，必須在內功練到一定火候後，方可習硬功。經常練內功者，臟腑舒健，血氣充盈，代謝旺盛，供能充分，「內強則外壯」，為「外練筋骨皮」提供物質條件。

另指在操硬功時，配合內在的心意（心念要貫注，精神要興奮，誘導全身進入最佳練功狀態，打中時意想全身力量悉數到達所用勁節，「意到則力到」）、呼吸（打時閉唇合齒，用鼻快速呼氣）等，加強勁節的神經活動、血液循環、能量供給，提高抗打功力和功夫速度，否則單練外硬，易勞損內裡，導致疾患，且進功緩慢，即使上功也不能保持長久。練外功前習內功，可安定心意，放鬆勁節，儲蓄能量，養精蓄銳。操打後，益以內功，放鬆肌肉，流暢氣血，舒絡散瘀，消腫止疼，消除疲憊，恢復常態。

硬功要「由柔入手，剛柔相濟」。一指要掌握好「出手柔如綿，沾袋硬似鐵」的發力要領，不得硬操使拙，蠻力傻打。放鬆身體，放鬆勁節，鬆而驟動，猛然運使勁節向鐵砂打去，周身配合協調：足要蹬、腰要轉、頭要領，打中時，勁節肌肉高度緊縮，抵抗硬力，承受堅硬，然後放鬆，再行

第二次。

另指「起手先要柔皮筋，再用硬功練鐵砂」，有柔軟功底者，皮肉富具彈性，骨節靈活自然，「由柔至剛」，為操硬打下良好的潛在基礎。透過柔皮筋可使「筋骨皮肉合，渾圓成一體」，增加耐受力和爆發力。用柔軟做預功，活動勁節，可抗長肌韌，使皮肉寬息充分，氣血活潑，消除僵硬感，減少疼痛，減免損傷。否則純粹硬操，易僵拙筋肉，滯凝血氣，破壞細胞，久則成病，且力量虛浮，功勁板笨，不能靈變，難應大敵。

鐵砂狗皮袋練過後，為求深造則直接打擊硬物（如火磚、樹樁、木人等），初練硬功不可過猛，防止受傷，應先輕後重，先慢後快，循序漸進，持之以恆，不怕吃苦，長操不斷。

二、排打功

排打，俗稱鐵布衫，把屬於硬功的範疇，利用外物打擊身體要害，以提高抵禦暴力、自我保護的能力，是一種防禦性的硬功，主要有心窩功、喉核功、太陽功、耳門功、雙腎功、陰襠功、軟肋功，這種功夫，最為難練。

1. 揉擦功

「十分排打，七分揉擦」，揉擦之法，活脈通絡，舒暢氣血，強內壯外（一堅韌皮肉，強壯筋膜，生發彈性，增加對內裡的保護作用，二可連帶內裡，牽動臟腑，舒健臟腑），且手法柔和，不出偏差，易學易練。

用手掌挨著皮膚，均勻揉擦，不要太輕（太輕恐起不到

功效），也不可太重（太重易傷內裡），不得亂推亂揉（恐傷外皮），更不能驟然用力（恐引起火動，虛火上升易得疾）。揉時「精氣神合一」，心意集中，精神抖擻，目不旁視，耳不旁聞，提高功效，開發潛能。初習時，輕輕揉擦，功夫進展後，再適度加力，萬萬不要急於求成。揉時「呼吸隨息」，即不配合吸氣呼氣，任其自然（陰囊功未婚者萬萬不得練習）。

2. 排打功

打前要舒鬆全身，作好準備。然後用手指、或掌面、或掌根、或拳根等輕輕打擊，緩緩震動要害，使內裡漸漸適應，臟腑漸漸豐實強壯，受打能力增強了，力量可稍加。精神要抖擻，心意要集中，受力時必須呼氣，閉嘴合齒，用鼻快速哼氣，牙關要緊咬，能耐受疼痛，肌肉要緊縮，能承受力量。排打次數不要太多，不可過勞，以自感舒適為度。另有外物打，如沙袋、木棒、散竹等，要根據本身功力、外物性質、打擊感覺等決定力度和次數。

排打必須在內功的基礎上練，而且要有相當的功力，否則易致內傷，初學者必須慎之！疲勞時、煩惱時、酒後、有病，或性交後不能打擊要害。練功前也必須先練內功及柔軟功，寧靜心神，活潑要害部氣血，在心意上、精神上和身體上都要做好充足的準備。收功時，輕揉打處，滋潤血氣，以降虛火，祛邪去魔，再揉擦丹田，使內能還本歸根，配合散步，緩緩長走，舒活各要害血脈，放鬆身體，恢復常態。且要避風避寒，使之不能進內。

第四節　秘門壯功

所謂壯功，即外功強壯增力法，其中包括通臂力、腰腹功、腿樁功，旨在改善肌肉結構，強壯肌肉群，增大肌肉伸縮程度，提高肌肉耐久力，功成肌肉軟硬兼具，不但能發放威力強大的殺傷勁力，且能不疲於長時間的激烈博鬥。

一、玄玄圈功

鉛質或鋼質或鐵質圓形圈幾個，直徑大於臂，重量自定，因人而異，因功力而異。套置於手臂之上，主練臂功，內功外練，內外結合。先根部後梢節，分靜練、動練兩種，先靜後動，動靜結合。

靜練時，站好內功姿勢（玄機式、守洞式、天地式），集中心意，抖擻精神。套圈於臂，圈重作用雙臂肌肉，手臂必欲墜降，此時運使勁力不使下降，其運勁要訣：肌肉該緊張的緊張，不該緊張的不能緊張，隨其自然之勢，不墜落就行。一練雙臂柔彈內力，培養雙臂潛力，獲得在受到外力作用（打擊、壓迫等）時還能放鬆肌肉完整蓄勁的能力；二練雙臂韌耐外力，增強筋肉耐久力和筋韌支撐力，提高手臂的通順和充分供能能力，功深者可支撐百斤而固定不累。靜練法唯呼氣時意想雙臂，餘同內功。

「先靜後動」，動練要在靜功練法基礎上，身體對圈重適應和功力長進後，方再修習。分慢練和快練兩種，慢法一可培養手臂暗勁，練習手臂在運動中，還能放鬆蓄力的能力；二可求取橫力（防禦力），所謂「直力易求，橫力難

得」，提高雙臂承受外來打擊力量和支撐與控制敵方勁節的能力。快法練習雙臂受到阻力，還可發力的能力，提高防禦發力（格擋、封閉、截攔後同時打擊）、連續發力、反擊發力的技能。

主要動作有上下起伏（雙臂側伸起伏練習，俗稱鷹翼功，拳譜稱為：「飛仙展翅功」），或前後伸縮（雙臂直伸，不要妄使拙力）、或正規打出（非快速帶圈發丹田勁力時，肌肉不能整件緊張）、或任向旋轉。先慢後快，快慢結合（或快出慢收、或慢出快收）。動時集中心意，加強體會，配合呼氣，運勁要訣同靜練。

「動靜結合」，動時結合靜練（或慢出驟停、或慢出長停，或快出驟停、或快出長停），收到全面功效。圈重和練功時間漸漸增加，緩緩從事，防止傷筋，免受內傷。

二、伏地通臂功

伏地通臂功主練雙臂外壯（發展胸大肌、肱三頭肌、斜方肌、三角肌及手、腕小肌群），連帶手節硬功（增加拳面、手指力量和硬度，加強手臂和手腕肌肉力量和耐久力）。

身體向前俯臥，用雙腳（腳前掌著地）和雙手臂（雙臂伸直，拳面或掌面或手指著地）支撐勢架，準備練功。有靜練和動練兩種。

1. 靜練

作好預備形，即靜止不動，或雙臂適度彎曲（使雙臂雙手受力增大）。堅持負重，逐漸延長時間，配合長呼長吸，

也可單臂支撐。

2.動練

動練分慢練、快練兩種，以慢為主。雙臂彎曲度逐漸增大，至身體近地時停止，然後再用力漸漸伸開雙臂，把身體支撐起來，至臂伸直時停止。先慢後快，先雙手後單手，先少後多，練時配合呼吸，前伏時吸氣，起身時呼氣。

動靜結合，功夫漸進，則雙腳要漸漸抬高（下可置物），增加強度，至頭下腳上時，難度更高，俗稱「拿大頂」。此時用捶、掌，練功者一般可耐，而用指則非經年苦修不能成功。

三、臥地腰腹功

主練外丹田（發展腹膈肌、腹直肌、腹內斜肌、腹外斜肌、腹橫肌、腹方肌、背骶棘肌等），增加腰腹力量和靈活性，專助功勁發放。

1.空練

身體向後仰臥，兩腿彎曲或平伸，雙手相合扣於腦後或放於其它處。練習時以頭用力帶動軀幹向前上勾屈起身，然後倒下再屈起，配合呼吸，起身時呼氣，倒下時吸氣。屈起時也可左右用力扭轉腰腹，功夫有所進展可漸漸抬高雙腿。可慢可快，配合靜練。

2.重練

為加強練功強度，提高練功效果，上體可以適度增加重

量，主要工具有太極球（古規工具，很重很大的鐵球或石球）、玄玄圈、鐵棒、槓鈴、啞鈴等。施加重物，練時要防止傷害腰節，尤其在左右扭動時。

四、腳椿起伏功

主練腳椿外壯（發展腓腸肌、股二頭肌及跟踺、踝筋和腳掌韌帶等），提高腳趾負重力、抵抗力和椿步穩固性能及腳踝起動的速度和靈活度，有助於技擊的出腳、走步和發力。

1. 靜練

提起腳跟，前腳掌指負重，愈抬愈高，堅持為功，也可負重練。

2. 動練

由靜到動，緩緩從事或快速起伏。也可跳動，單跳或雙跳，或抬起腳跟練習腳趾走步，快慢結合。

壯功以靜練為主，配合慢練，漸次到快。其難關：只求肌肉強壯，筋韌堅耐，會使勁節拘滯。要多加體會和正確掌握肌肉鬆緊的變換和時間，再益以內功、柔功，可保無礙。

第五節　秘門眼功

「學打先進老君爐，火眼金睛來修煉」。「眸子練得精，打人占上風」，眼功極其重要，卻常被練武者所忽視。眼功中以養目功為根，以炯眼功為重。

一、養目功

練習養目功能盈血精、通氣脈、蕩積滯、降虛火、消眼勞、去眼疾、清目光，是其他眼功之根基。

練形選擇舒適自然的靜勢（即內功的站勢、坐勢），頭要正，頂要平，脊要豎，背要直，餘節要求則隨形而異。全身虛靈，不使拙力。心意寧靜，拋卻雜念。舌抵上腭，閉唇合齒，鼻施呼吸，兩目輕輕合住，精神內斂。

練功要竅：「意息合順，舒鬆雙目」。意息合順，即意念配合呼吸，不是意念調節呼吸，呼吸純任自然，吸氣時意想丹田，呼氣時意想雙目。意想丹田時，放鬆全身，意想雙目時，舒鬆雙目。意想，即用心意想一下，透由意念感察和誘導放鬆。舒鬆，放鬆舒適，唯鬆易通，唯鬆易靜，唯鬆得意。養目功運用的意念，要求平和自然，靜中再靜，重在「養」，不可執著滯重。

二、炯眼功

炯眼功乃實戰眼功，專應用打鬥。

選擇技擊樁勢（側身、守中、易動），體舒意緊（放鬆身體、舒適得力、集中心意、抖擻精神），閉唇合齒，舌抵上腭，鼻施呼吸，眼睛正向前看。吸氣時，意想丹田，呼氣時，意想雙目，雙眼炯起（在自然基礎上，比日常稍大開，隨人而宜，不得過分顯形。費力狠瞪，反使精神意念受拘滯），不眨不閉。意想雙目時，覺眼睛有異常明亮感、清晰感，愈炯愈著（僅為意念，心意作功，升神提神，意念強烈，興奮作用，重在「煉」靜中求動。表現在呼吸上，漸長

快，但橫膈膜不得發緊，任其自然為之）。如此由意念和誘導，提高精神對物質的反作用，發揮體能和潛力。心意必高度集中方能體會，但肌肉不能緊張。

初練之時，目中在淚，雙簾疲憊，眼睛欲眨欲閉，不能持久。逐日加功，則虛火能漸漸歇盡，真氣漸漸歸根，意感漸漸完美，目光漸漸清朗，眼簾漸漸捲起。功到火候，目則自圓，不再眨閉，炯炯有神，透射精光，銳利異常。

三、打眼功

在養目功、炯目功基礎上，練習眼睛對外來刺激的接受能力。

練習時，以自己的手指向自己的眼皮輕打輕敲，眼要睜圓，不可眨閉，同時努力注視手法動形（運動軌跡），或用其他目標練習。初練時不可勉強，疲勞即止，漸漸增加，用力不可太大，防止自傷。久練，克服本能，發揮良能，養成好習慣，自然眼遭打擊，眨也不眨，毫無閉欲，是為有功。

也可讓別人敲打，或以別人打出拳風進行不接觸練習，但要配合好。其它類似者還有用水打眼，讓水沖擊雙眼，不眨閉，看水花，水必順清潔，消毒水或明目藥水尤佳。

四、輪眼功

在養目功、炯目功的基礎上，進一步的輔助練習，可保健視力和提高視力，技術上主求眼睛餘光的運用能力。

首先集中心意，抖擻精神，然後即上向、下向、左向、右向、逆時向、正時向、規律或不規律地旋轉運動眼球，在輪動中試著去觀察和搜尋某一固定目標或不固定目標，儘可

能要清晰、精確，眼睛的餘光也不能疏於對周圍的觀察，儘可能兼顧多方目標，或自行輪動，不看目標。

練養目功或炯目功前，先作輪目，活動眼睛，有所準備，快速進入功態，利於長功。或在靜功後，緩緩輪眼，減輕疲勞，調和氣血。

五、動眼功

在養目功、炯目功基礎上，練習眼睛在身體局部運動或全身運動的動態中準確的觀察能力，極似實戰技擊。

晃動頭節或腰節或使用整個身法，或走步或跳步或打出時，運用眼法，儘可能看準看清，讓眼睛漸漸適應動態，不眨不閉，不昏不亂，由單目標到多目標，由靜物到動體，由慢練到快練，漸漸加功。

兩人配合練習效果也甚佳，一人動眼，注視對方的靜椿、身形、步姿等，或讓對方向自己打出，先定位後隨意，摸擬實戰，在動眼中，注視飛舞拳腳，眼不眨心不亂，感應其可能的運動路線，盡量求其準確。

第六節　秘門打功

所謂練打，指根據技擊的需要，配備工具，練習打擊法，逐漸獲得實戰的能力。

一、要害圖

要害圖是指畫在布上或紙上的一張要害圖（高大如人一樣），將人體的要害詳細地標示出來，貼在牆上或用繩索懸

掛固定。

發出各種打法，對準要害圖，實施空擊，也可接觸，招招不離要害，不得亂發。先固定單形單要打擊，練至純熟後再隨意全節整體打擊。

一可幫助入門者，認準認清人體的打擊目標，實施單殺。二對圖練打，有的放矢，目標明確，無盲目出招之弊，「怎樣學就怎樣用」，非花拳繡腿所能同日而語。三可使初學者儘快進入傷殺實感，培養技擊心意。四可鍛鍊適當的臨敵距離以及眼睛感認要害的能力。五可藉由打擊要害圖，學習掌握基本打法，為深層技擊打好底功。

初習要害圖，用意不用力，隨其自然，只求打擊準確，動作準確，以養成好習慣，免走錯門徑。

還可與人配合練習，令其喊出要害或單打名稱，自己反應打擊。先慢後快，先少後多，對提高技擊者的判斷能力、決策能力、動作協調能力、出擊速度、發招準確能力、打擊靈變能力以及聽覺等，都有很大的幫助。

二、輕靈袋

輕靈袋是輕量小袋，以布為質外包，內裝綠豆或藥料（其他物也可使用，但綠豆、藥料最佳），封閉嚴密不使外溢即成。重量不定，可多可少，一般不超過 20 斤。輕巧柔和，靈活方便。練法如下：

練習時，置輕靈袋數個，用繩索吊起，高度因人體適宜而定，作為打擊目標，然後使用各種手法、腳法、肘法、膝法、頭法、肩法、胯法打之。要以最快的速度、最高的準確性，練習出招的閃電之功、出招的準確程度以及出招時身體

的協調嚴謹；還練習發勁的透達性能、梢節的發勁功力和技法使用的質量度。

　　練習日長，功力漸深，靈活度、準確度已略具功底，可多置輕靈袋，高低左右，隨意設置。練習閃展騰挪，靈活地使用步法、身法、招法，這是準備對付多人的群戰戰術。

　　一招打出，輕靈袋因重量較輕，自然隨手飛出，動盪不定，此時繼續出招，連環不斷，捕捉出手的機會，捕捉動態中的目標，練習移動中的技法以及使用的靈活性，逐步達到在運動中進退自然，變化隨心，見袋打袋，見形打形，體會技擊感覺，講究出招的落點、接觸、位置的恰當。

　　練習適當的距離內適時地出手出腿，尋求流動中技法的流暢自然。同時輕靈袋作為目標是相當微小的，而且晃動速度相當疾速和突然，數量增多時，更加令人難測，練習者要努力爭取守住自己的陣地，飄閃身肢，走動攔禦，不讓輕靈袋碰上。如同技擊中閃躲防禦，很具實戰感。也練習了眼睛搜尋移動目標的準確能力。如是練習，功防合一，打中有閃，閃中有打，能得全功。

　　亦可不用出招，只練習步法身法。隨意行走，各種步法閃躲進退，隨形變化，全身渾然一體，如同天仙遊空，靈敏無礙，輕盈自然，身不碰袋，是為有功。或讓輕靈袋動盪搖晃，再施此法，更可增加難度。若在急速運動的袋群之中，閃展騰挪，隨心所欲，瀟灑自如，其功已達到至神的境界。傳統古法走九宮八卦陣圖，栽植木樁，在樁間穿行，與此類似，還不若輕靈袋之隨意簡便。

　　輕靈袋還有一個練法，讓兩人相距遠近適當，一個以袋投擲，另人躲閃，也可用手接收，練習眼睛的銳利觀察能

力，增加身體對外來攻擊的感覺靈敏程度、反應的快速，練習快速的閃躲和閃躲中全身的協調嚴謹。距離愈近，功底愈深，袋量越輕，難度越高。此種躲閃術的練習，在技擊中對敵人的突然攻擊自能有恰當的本能防護，各方面的技擊能力也有相當提高。同時對暗器的突然襲擊，自能應付裕如。亦可作多人投擲一人，其難度更大。

三、沉重袋

準備一個大型布袋，長寬度似人體，用布要結實、柔和，內裝沙子、麥麩、木屑等（不得使用石塊等純硬物，易把人練拙且易受傷），以接近人體膚質為佳。重量由 60 斤練起，漸而漸進，隨功勁增長而增加重量，每次增 20 斤，但一般不超過 120 斤（此乃人體基本重量標準，重量太過，往往心意受挫，勁力進展受鈍），紮緊袋口，用繩吊起，高度適宜，吊起打來沙袋受力晃搖，恰合技擊需要，有真實打鬥感，也可擱置練習。沉重袋主修打擊勁力，因又被稱為發勁袋或勁力袋。分定步發力和走步發力兩種練法。

定步發力能幫助練習者，學會各種儲蓄功勁的方法，體認周身勁力的調動和傳遞，掌握正確發力的要訣，增加發勁的力量和速度及對重物摧毀能力，感受各勁節打擊的不同表現效果，提高人體打擊重物時的適應性。分有兩種打法，一種定步單發力，一種定步連發力。先靜樁站立，擺好門戶，離袋適距。然後發力，逐節練習，先單發後連發。全身各個勁節都要操打，各種門戶都要擺練，不得偏廢。

定步發力練熟，丹田勁力有所長進，則配合走步練，即走步發力，分有四種練法，單步單發力、單步連發力、活步

單發力、活步連發力。

進一步適應技擊的需要，對人的各部要求都較高，如肌肉鬆緊的控制、骨節伸縮的強度、位置距離的預測、力量落點的拿捏、時間機會的把握等，主要增強和獲得人體在動態中肌肉放鬆蓄力藏勁的能力，提高人體在動態中對身體和勁節的恰當自控及人體在動態中打擊重物的爆發力量和準確性。

亦可多吊沉重袋或先晃再打，練習走步和捕捉動態目標的能力及群戰連環勁。亦可和輕靈袋混合操打，快中求勁，勁中求快，以成全功。

操練沉重袋，不能胡打一通，必須在發力要則指導下正確操作，先輕後重，先慢後快，不要急於求成，防止勁滯或受傷。習時心意要集中，全力以赴。

四、木人

木人即俗稱的木人樁，木人軀幹用粗木製成，刻成人一般樣，下盤用鐵架固定住或栽入地下。兩隻手臂可擬人臂粗長，嵌入粗木中，能夠活動尤佳。或按其他特殊要求自行定做。外覆鐵砂袋、狗皮或粗麻繩索或膠皮。木人練打，功效全面，且有真實打人感，易於上手。

利用木人可以單獨練習各種防禦。主要在伸直的雙木臂上操作，封之、閉之、阻之、擋之、截之、攔之，下盤也可進步封膝及腳法封閉等，或利用木人空練、躲閃，或在走步和打擊中試驗防禦。學習各種防禦技術，掌握使用正確的禦法和防禦的準確部位，及防禦中整個身體自我協調能力，體會防禦所用的聽勁、暗勁、橫勁和力量大小控制，進一步獲

第四章 絕傳功夫

得反擊（受力蓄力、受力發力）的能力。

利用木人可單獨練習各種單殺。一可求對單殺目標的準確感知和打擊，二可求單殺出擊的速度，三可求單殺打擊的力道。也可配合走步，增加難度，鍛鍊目力、測距等。

利用木人可以練習各種連打，以期掌握完整的技擊術。或直接連打，各種單殺組合在一起，練習連環出招的協調控制、感應操縱、銜接合順及速度、力量、配合等，或先防後打，其中包括閃打、封打、截打、走打、攔打、閉打、滯戰、硬打等。或打中有防，防中有打，傷殺進取中含警覺和封閉。或配合戰法，將戰術原則融於打法中，指導實際作戰。

硬功也常在木人上練，木質堅硬，對人的皮骨筋有很大的刺激性，長功快，比鐵砂狗皮袋難度大，易受傷，必須在硬功有一定火候後再直接打木人。

第七節　秘門爪功

爪功即大力鐵爪功，專修爪手，生發剛力，立足練筋，筋耐勁足。除空練外還可借助工具。

一、鐵爪閃電功

1.腕指彈抖功

雙臂伸直，雙手手指隨意張開，成自然手形。單手或雙手同時做動作，或上或下，或前或後，或靜或動；由放鬆猛然挺腕折屈，驟動即停，一停即驟動；以指抖腕動為主，餘

節稍微隨動；意在腕節指骨，以練就腕爪的彈力冷勁。

2. 通臂擒拿功

兩手一前一後，連環出爪鎖扣、擒抓。快速發手，臂節伸直，力在爪指，力盡即停，一停即收。此功既練發爪的準確捕抓能力，又可增加爪力鎖扣擒抓筋韌的功力。

3. 閃電纏逆功

向前伸臂，或單或雙，伸直後即猛然用爪大力向內或向外纏擰發勁，幅度可大可小，纏完即收，一收即伸發，快速連動，以期練就纏擰勁力、連帶捋位勁力及擒拿變勁能力。

二、鐵爪大力功

1. 鎖扣功

初練配備沙包，外為厚布，內裝綠豆或鐵砂，大小以易抓拿鎖扣為度。手為鎖扣爪，用五指或三指操練之。久練逐漸增加沙包重量及強度或更換器具，可用鐵錐、鐵荸薺、壇子（裝沙）等。

2. 擒抓功

初練也可配備沙包，但要比鎖扣沙包大，適宜擒抓下手。操練反抓、正抓、單抓、拋抓、捕抓等。功深者可換石球或鐵球等，以手擒抓，上下拋接，逐步加大練功力度。

3. 纏捭功

配備沙棒，外為厚布，內裝綠豆或鐵沙，呈棒形，長度如臂，圓變適宜。用爪施以大纏、小纏、外纏、內纏、雙纏、單纏、順纏、逆纏等。或可用木棒、竹筷等代之。

4. 捋拉功

配備彈棒，即用一長圓適度木棒，置一彈簧固定木棒一端即成，專習捋拉。以爪力鎖扣、回捋、下壓、上起，樁步要穩固。也可用拉力器代之。或可栽一木樁於地下，捋拉提練。

5. 捻搓功

配備一種非常小的沙包，直徑 1 公分左右，放於拇指與食指或其他指中間，按揉捻搓。也可用小塑料片練習，或專門捻搓黃豆、綠豆等。空練也行，方法自便。

爪功練習並不用藥，功到自然成，切忌求速。功夫到家，則成鐵爪鋼鈎，立致敵骨錯筋分。

結束語

此書結束，聊贅數言。

本門因其形擬七仙，故名七仙門，作為一種武術的代號，亦是為了製譜和稱謂的方便。這僅是編著者個人的決定，萬萬不能被其束縛，重要的是實際的技術和功夫。

練習技擊術的目的是為了善戰，要想取得這種本事，習練者須長時間的苦練和體悟。苦練是根本，銳志持恆是功夫上身的唯一途徑，而在苦練的過程中還要加上習練者體認和悟性，這樣才能提高練拳的質量和深度，本書已經講解了七仙門正宗的練法，而怎樣去悟呢？「依形出形，隨形變形，不拘不束，七形無形」是得道的真訣。

七仙門是一門極重實戰的拳法，其終極的目的在於殺傷敵體，在武術中雖然是精絕所在，但只能用作自衛。猶如國家的核武器一樣，非常厲害但又不能輕施。故本門有戒：「不為救命不傷殺，留作絕學入玄化」，修煉傷殺的功技，而不在傷殺，才是武學大道的求真者。

七仙門是一種秘門家傳武學長期封閉於一隅，多年隱跡於武林，所以非常需要眾多名家的提攜，非常需要各派名師的指教，非常需要愛武者的繼承與發揚，筆者致力挖整，志在於此，若能如願則為本門之大幸。但水準所限，諸多缺憾，今後有機會再行補正。

國家圖書館出版品預行編目資料

　　武當秘門技擊術—入門篇／高翔著
　　　　——初版，——臺北市，大展，2003〔民92〕
　　　面；21公分，——（實用武術技擊；7）
　　　ISBN 957-468-233-1（平裝）

　　1.武術—中國
　　528.97　　　　　　　　　　　　　　92009233

北京人民體育出版社授權中文繁體字版

武當秘門技擊術—入門篇　　ISBN 957-468-233-1

著　　者／高　翔
責任編輯／趙 新 華
發 行 人／蔡 森 明
出 版 者／大展出版社有限公司
社　　址／台北市北投區（石牌）致遠一路2段12巷1號
電　　話／（02）28236031・28236033・28233123
傳　　眞／（02）28272069
郵政劃撥／01669551
E－mail／dah_jaan@pchome.net.tw
登 記 證／局版臺業字第2171號
承 印 者／高星印刷品行
裝　　訂／協億印製廠股份有限公司
排 版 者／弘益電腦排版有限公司
初版1刷／2003年（民92年）8月

定　價／250元

●本書若有破損、缺頁敬請寄回本社更換●

大展好書　好書大展
品嘗好書　冠群可期